中国古瓷鉴定笔记

青釉篇

QINGYOUPIAN

姚江波／著

江西美術出版社
全国百佳出版单位

广西高校人文社会科学重点研究基地——西江流域民间文献研究中心资助项目

图书在版编目（CIP）数据

中国古瓷鉴定笔记·青釉篇 / 姚江波著. —南昌：江西美术出版社，2019.1
ISBN 978-7-5480-6263-9

Ⅰ. ①中… Ⅱ. ①姚… Ⅲ. ①瓷器(考古)—鉴定—中国 Ⅳ. ①K876.34

中国版本图书馆CIP数据核字(2018)第180171号

出 品 人：周建森
责任编辑：王洪波　窦明月　滕斯钰
责任印制：谭　勋
装帧设计：梅家强　先鋒設計 PIONEER DESIGN

书　　名：中国古瓷鉴定笔记·青釉篇
著　　者：姚江波
出　　版：江西美术出版社
社　　址：南昌市子安路66号　邮编：330025
电　　话：0791-86565819
网　　址：www.jxfinearts.com
经　　销：新华书店
印　　刷：浙江海虹彩色印务有限公司
版　　次：2019年1月第1版
印　　次：2019年1月第1次印刷
开　　本：787×1092　1/16
印　　张：10.75
书　　号：ISBN 978-7-5480-6263-9
定　　价：68.00元

目录

Contents

本书使用方法

本书以直述鉴定要点为主，文字简练，兼顾学术性、常识性、趣味性，过于专业、不可操作、与收藏者无关的内容已回避，读熟之后，可与您收藏的彩釉瓷器进行对比：如，对应珍珠地在色彩上的异同，以及划花的装饰手法，看您的宝贝是否属于精致瓷器的范畴；观察纹饰的题材，以准确判定时代。对比彩釉瓷器的造型，着重看各个章节中有关彩釉器皿在造型上的实例，其造型多被限定在一定的范围之内，如瓶和枕等多见，之后再从细部入手，如对口部、唇部、沿部、腹部、底部、足部等特征，进行详细的解析，以从造型上达到鉴赏的目的。像这样的例子在本书中枚不胜举，纹饰、釉色、尺寸、化妆土、完残、窑口、原料、淘洗、粗细程度、杂质、夹砂胎等鉴定要点，交相辉映，互为依托，最终实现了诸多鉴定要点相互验证的目的。

另外本书具有以下三个特点：

一、本书的编写原则是：具体而细微地指导收藏爱好者由一件瓷器的细部（釉色、流釉、均匀、稀稠等）去鉴别古瓷器之真假、评估古瓷器之价值，力求做到使藏友读后由外行变成内行。

强调：实战性　指导性　工具性　学术性

体现：实用价值

二、本书从文物鉴定的角度出发，以科学考古发掘所出土的器物为依据，力求每一句话都以出土器物为佐证，将文物置于时代和社会历史大背景下来考虑，以确保本书的科学性、严谨性和可读性。

三、本书的写法分三步走：

①断定时代

②辨别真伪

③评判价值

这是收藏的三要素，缺一不可，整本书以此为线索，贯穿于每个章节，如，将价值划分为研究价值、艺术价值、经济价值，并详细介绍这三种价值之间的辨证关系，使读者真正领悟收藏，从收藏中受益。

本书的主要目的，是要通过瓷器釉质主要特征看到瓷器的全貌，从而使收藏者真正得到帮助。功能十分具体，收藏者在逛市场和到拍卖行时可以拿此书对比，这是新手和资深鉴赏家都很需要购买的书。（书中多数珍品为首次发表）

前言

QIANYAN

瓷器是中国的伟大发明，而青釉就是最先烧造成功的色彩，时间是在东汉晚期。青釉瓷器的烧造成功具有划时代的意义，不仅标志着瓷器的产生，而且为白瓷、青花瓷以及诸多颜色釉瓷器的产生奠定了基础。仅青瓷本身就是一个庞大的色彩系统，如，天青、青灰、钧瓷、青白瓷、梅子青、粉青、冬青……犹如灿烂星河；所涉及的窑口也是举世闻名，越窑、汝窑、北宋官窑、南宋官窑、钧窑、龙泉窑、耀州窑、景德镇窑，以及传说中扑朔迷离的柴窑等等，可以说青瓷犹如中国古代历史长河中的一朵奇葩，是中国人最为熟悉的瓷器釉色之一。

本书以笔记体的形式试图拨开历史层层迷雾，通过以点带面的方式来揭开青釉色彩的迷雾，以钧瓷和青白与酱、褐釉瓷的比较为切入点，力求较为客观地剖析青釉瓷器的前世今生。钧瓷以民窑之身摘得宋代五大名窑之桂冠，其绝非浪得虚名。钧瓷钧窑创烧于北宋时期，窑址在今天的河南禹县，其中钧八卦洞窑址被认为是烧造宫廷瓷器的窑场，因属钧州故得名。钧窑是一种窑变釉，釉质肥厚，釉质黏稠，流动性很慢，色彩青中带红，蓝中带紫，仅其主流的色彩就有天青釉、天蓝釉、月白釉、灰青釉、淡青釉、梅子青、青色泛蓝釉、铁锈色窑变釉等，而且在这些基本色调之下还会有众多的衍生性色彩，如，天青釉有时浓深、有时较浅、有时浅淡，色彩飘忽不定，难以琢磨，色彩没有穷尽，万变是其最基本的特点。钧瓷是真正世俗化了的艺术品，它所带给人们的意境是一种基于现实生活基础之上的超现实主义，通过钧瓷色彩强烈的视觉对比，触动人们的情怀，引起人们对于美好实物的回忆和对于未来的憧憬。不同时代有着不同精神内涵的折射，绝妙致极，不同的人在看到钧瓷时会有不同的意境，钧瓷就是这样通过意境实现了它的社会化功能。钧瓷在元明清时期均有生产，但在精致程度上较之宋代有明显下降。青白釉瓷亦在中国古代瓷器史当中占有重要地位，宋元明请各个历史时期都很流行。

总的来看，钧瓷和青白瓷等在工艺上进行了诸多的革新，以极低的价格烧制出了较高水平的瓷器，是真正实现了“通销天下”的瓷器品种。尝试了不同烧造方法，出现了一些精品力作，影响十分深远，被历代收藏者所追逐。但自20世纪80年代之后，由于收藏热的兴起，酱、褐、青白釉瓷器受到收藏者的追捧。但在暴利的驱使下，青釉瓷器伪器大量出现，鱼龙混杂，真伪难辨。本书从文物鉴定的角度入手，力求将错综复杂的问题简单化，使读者看后能够断时代、辨真伪、评价值。当然，以上笔记不足以涵盖青釉，但研究笔记，日日更新，相信通过笔记不断出版，终能精卫填海。以上是本书所要坚持的，但一种信念再强烈，也不免会有缺陷，希望不妥之处，大家给予无私的批评和帮助。

上篇

钧 瓷

第一章 综述

数量

钧瓷是中国古代最主要的日用瓷之一（图1-1），流行于宋元时期，明清两代亦见，墓葬和遗址内都有。从件数特征上看，墓葬出土多以1到2件；偶见窑藏内有数十件的情况；大量出土以窑址和城址为主，窑址出土数量众多，数千件成批量出土，城址内钧瓷出土量最大，在一些古城址内出土成千上万；由此可见，钧瓷在总量上有相当的规模。从窑口上看，真正宫廷御用的钧瓷少之又少，以普通民用的钧瓷数量为最多，且钧瓷形成了巨大窑系，有着众多的窑口都在烧造钧瓷，窑系窑口的产量也比较大。鉴定时应注意分辨。

▲图1—1　精美绝伦的钧红釉瓷碗　元代

品相

钩窑瓷器品相好者有见（图1–2），而且有一定的总量，但较为分散，多数收藏在一些较大的博物馆中，品相好者多以墓葬出土为主，在没有经过扰乱的墓葬内时常可见完好无损的钧瓷出土，有的器皿依然保持着当初的模样，精美绝伦；之所以保存得如此之好，除了与保存环境有关外，还与钧瓷自身的特点有关，钧瓷的厚胎、厚釉、烧造温度高、胎体坚硬、釉质完全烧结等固有特征，保证了钧瓷不吸水，与外界完全隔离，这样才使钧瓷绚丽颜色能够穿越时空，今日呈现在我们面前。但从数量上看，特别是与品相不太好，也就是有残的钧瓷相比，钧窑瓷器品相优者可以说如沧海一粟，数量非常少，原因是在经历了漫长的岁月长河之后，多数钧瓷都已是遍体鳞伤、残缺不全，特别是窑址和古城遗址出土的钧瓷，大多都已经成为残缺器皿，残缺的情况多比较严重，可以说绝大多数都是残片。由此可见，留存到今天的钧瓷虽多，但完整器却很少、完整器皿中品相好者更少，精致钧瓷的数量极为罕见，这就是钧瓷在品相上的现状。不过这一点却迎合了“物以稀为贵”的市场杠杆，使得钧瓷在历代都具有较高的经济价值，人们总是在迎合着“纵有家财万贯，不如家有钧瓷一片”之说，特别是今日社会“盛世收藏”，钧瓷更是有着很高的收藏价值（图1–3），但无论怎样，品相优的精品钧瓷显然是人们首要追求的目标。

▲图 1—2　品相较釉钧瓷盘　宋代

▲图 1—3　精美绝伦的钧瓷碗　宋代

胎色

钧瓷在胎体色彩上异常复杂，常见的胎色就有灰白胎、橙色胎、黑胎、褐胎、灰胎、青灰胎、香灰胎、红胎、砖红、铁青等，可见其胎色种类繁多。这些胎色在鉴定上具有重要的作用，从这些胎色出现的频率上看，主要以青、灰等色为基调，如、青灰胎、铁青胎（图 1-4）、灰褐胎、灰黑胎、灰黄胎、浅灰胎、深灰胎、铁青胎等色，都比较常见，而灰白胎、淡黄胎、红胎、砖红等色比较少见，特别是在精致瓷器中很少见，精致的钧瓷在胎色上基本上以青灰或铁青为主，从发掘出土钧瓷胎体的横截面上看，胎色多数十分纯正，渐变色很少见；在时代上不同时代的钧瓷在胎色上各不相同，但对于钧瓷来讲这种时代特征并不明显，宋、金、元等各个历史时期基本相当，没有过于复杂性的特征；从窑口上看，钧瓷在胎色上有一定的规律性特征，曾为北宋宫廷烧造瓷器的河南禹县钧台窑和八卦洞窑所出土的瓷器在胎色上基本上以香灰和青灰胎为主，色彩稳定，无串色现象，而一些窑系的产品胎色种类逐渐增多，有串色、偏色等现象；这些特征客观上已经成为重要的鉴定依据，可以用来对钧瓷进行鉴定（图 1-5），如判定时代、辨别真伪、估评价值等。而在本书中将专门使用一个小节来对钧瓷胎色特征进行阐述，以帮助读者打开胎色鉴定的法门。

▲图 1—4　铁青胎钧瓷碗足　宋代

▲图 1—5　黄白胎天蓝釉钧窑瓷器　宋代

釉色

钧瓷色彩具有相当的复杂性，釉色青中带红，灿如红霞，色彩最为多变，是一个色彩系统，常见釉色就有天青釉、天蓝釉、月白釉、玫瑰紫、海棠红、紫红釉、葡萄紫等灰青釉、淡青釉、梅子青、青色泛蓝釉、铁锈色窑变釉、柿红釉、暗红釉、胭脂红釉等，当然这些都是一些基本色彩，在这些基本色调之下还有其更为复杂的衍生色彩，可以说钧瓷没有相同色彩的两件作品，这就是所谓的“钧瓷无双”（图1-6），由此可见，青釉在色彩上的繁缛和万变性，是真正的“入窑一色，出窑万彩”，而这些色彩正好成为众多的鉴定依据，我们根据不同釉色在不同时代、不同精致程度等在色彩上异同，剥离出大大小小的鉴定依据，来对文物进行鉴定。本书从多个方面来揭示钧瓷釉色，并设计了大量图文的互动场景，对疑难问题进行详解，希望能够对读者有帮助。

▲图 1—6　海棠红釉钧瓷碗（三维复原图）　宋代　林业

窑口

中国古代钧瓷在窑口上特征鲜明(图1-7)，线索十分清晰，在河南禹县宋金时期就发现窑址100多处，其中钧台窑和八卦洞窑经过发掘被人们公认为宋代宫廷烧造过瓷器的窑场，具有一些共同的特征，产品精美绝伦，主要以陈设器为主，小器也有见，如尊、盆、三足炉、奁、碗、盘、洗等。盆主要以花盆为主，盆托也比较多见，铭文多有“奉华”和一些在器底刻有一到十数字的铭文，造型隽永，沉静典雅。官窑瓷器烧造不计工本，做工精绝，精益求精，达到了相当高的艺术水平。不仅具有实用的功能，而且件件都可称之为精美绝伦的艺术品。官窑瓷器与民窑的交流非常之快，仅在河南禹县钧台窑和八卦洞窑附近就发现烧造钧瓷的窑址多处，可见当时在官窑的旁边聚集着相当多的民间窑场，它们也烧造钧瓷，在技术进行了交流，同时也说明钧窑以禹县为中心向周边扩散，钧瓷传播的速度非常之快，由中心区域向西移动，如元代在河南西部的新安县发现有100多处窑址，形成了一个烧造钧瓷的聚集区。钧瓷的影响十分巨大，并最终形成了一个庞大的钧瓷系，时间跨度比较长，宋代开始金元时期才结束，产品广及大河上下，长江南北，在地域上空前广大（图1-8）。河南临汝窑、郏县窑、宝丰窑、新安窑、宜阳窑等，内蒙包头等都大量仿烧钧窑瓷器，宋代钧瓷窑口及窑系多达到了鼎盛，入元后钧瓷在制作技术上向世俗化进一步下滑，烧造质量出现了无法逆转的普遍下降的趋势，但钧瓷之韵依然存在。明清时期由于青花瓷的崛起，更使得钧瓷系窑场日子难过，瓷窑体系崩溃。所以，我们在鉴赏之时首先要从窑口上了解钧瓷。

▲图 1—7　钧窑玫瑰紫釉瓷器　宋代

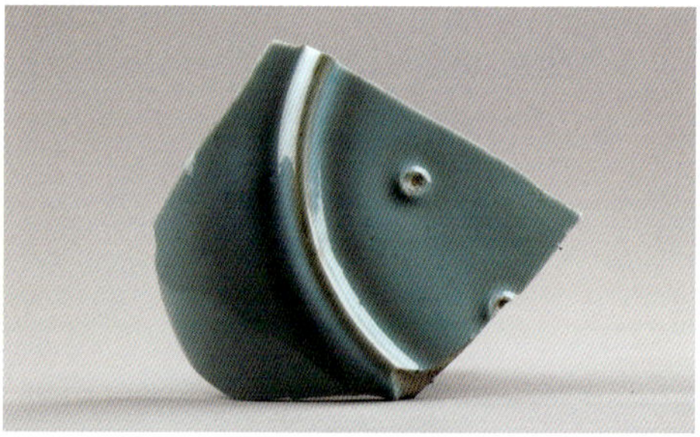

▲图 1—8　“类汝似钧”钧窑系产品　宋代

功能

钧瓷功能特征十分明确，为实用和艺术品完美的结合，具有实用、陈设、装饰、把玩的功能（图1-9），钧瓷真正地使艺术品走向了民间，钧瓷主要是以造型和瑰丽的釉质取胜，如最普通的钧瓷碗它既有实用的功能，同时兼具陈设和装饰的功能，讲究趣味性、视觉震撼力；钧瓷作为人们日常生活当中的器具，担任着辅助人们生活的多种功能，如钧瓷碗、盘等为餐具，钧瓷瓶为陈设于厅堂之上用于观赏，钧瓷罐用于盛放贵重的物品，如金银首饰，花盆用来插花等，就是说从实用的角度来看，所有的钧瓷都不是随意的造型，简言之，都是用的，这就推导出一个问题，即钧窑瓷器没有杜撰出来的器物造型（图1-10），而有着深刻的生活底蕴，如果有器物造型从造型上看很怪异，从功能上看找不到合理的依据，那就要小心看是否为无本而仿的作品。另外，还有一些原则也很重要，如钧瓷功能的窑口性，如官窑器皿可能实用和装饰的功能比较突出，特别是装饰的功能异常突现，但民窑所烧造的瓷器在功能上显然有一定的局限性，这种功能表现得比较弱化，这一点很明显。总之钧瓷很多器皿在功能上都积聚了观赏、装饰、把玩的特性，但其仍然还是一件不折不扣的实用器，这一点我们在具体鉴赏时一定要注意体会。从时代特征上看基本相当，均衡性特征表现得很明显。相信通过本书在章节中详细地解析，一定会对读者有所帮助。

▲图 1—9　集聚陈设装饰功能为一体的花沿钧瓷标本　宋代　林业

▲图 1—10　钧瓷碗（三维复原图）　宋代

收藏保养

钧瓷的完整器太少了，这是我们对于钧瓷现状的感叹（图1-11）！所以如果我们得到一件钧窑瓷器，那么一定要保养好，钧瓷保养是一个有关科学的话题，涉及众多专业的知识，但本书在这里只与读者讨论常识问题，所谓对钧瓷的保养绝不是装在一个精美的盒子中，或者是放置在某处就可以放心和一劳永逸了，而是涉及到空气的温度、湿度、除尘、修复、安全等诸多方面的课题。一般情况下，当收藏者收藏得到一件钧窑瓷器之时，很少想到这些，只是为他们得到了自己心仪的钧瓷而释怀，喜悦，或者赞叹它的经济价值，内心变得非常轻松，而从心理学的角度来看，这个时候也是人们防范意识最差的时候，也就是钧瓷保养最疏忽的时候，不停拿出来欣赏、把玩，而收藏者这时何曾会想到，如果是在博物馆中这种提取文物的大动作，可能要在做好几套预案的情况下才能进行，或许您在不经意之时珍贵的钧瓷就会遭到磕碰、摩擦、刮蹭等遗憾（图1-12），正应了古玩界的一句老话“瓷器发毛分文不值”，一件精美绝伦的艺术品，便会从云端坠落，这种事情实际上在收藏者手中经常发生，所以当您收藏到一件钧瓷之后，一定要理性地对待，在没有做好预案的情况下通常不要接触文物。有一些重要的步骤要进行，主要有四点：

▲图1—11　有残缺钧瓷盘　宋代

1、减少移动

2、防止磕碰

3、相对温度

4、相对湿度

▲图 1—12　口部有残缺天蓝釉钧瓷注　宋代

以上四点，是本书正文中要详细论述的内容，还包括清洗、修补等大量的工作（图 1-13）。但本书所论述的问题极为现实，过于深邃，和还没有定论的学术研究和方法，本书不评论，也建议收藏者在拿不准的情况下慎用，本书所讨论的问题是对于没有任何保养经验的钧瓷收藏者，一些简单的常识和基本原则，帮助它渡过难关，本书相信这才是对其最大的帮助。总之，通过努力如果能使这些精美绝伦的钧瓷不再受损，让那些历经千年风雨浮沉今日才呈现在我们面前的钧瓷，能够历久犹新，生命得以延续，这才是我们共同的心愿。

▲图 1—13　天蓝釉钧瓷碗（三维复原图）　宋代

第二章 完残

完好

完好无损的钧瓷在墓葬和遗址中都能见到，以墓葬出土为主（图 2–1），数量多为 1 到数件。窖藏出土数量较多。遗址虽然出土钧瓷比较多，但完整的器皿很少，城址内大量钧瓷多已碎成残片，窑址之上也是这样，以碎片为主，多为当年烧造不成功所打碎，可见钧瓷在烧造态度上非常严谨，这在以民窑为主的窑场中十分罕见。这样看来，中国古代完好的钧瓷在总量上数量很少，比例可以小到千比一的程度。从博物馆的库房中可以很清楚地看到这一点，如有些博物馆的库房中完整的钧瓷可能只有几十件（图 2–2），但残缺的器皿不能计数，数量之差较大。所以当我们在古玩市场或者是拍卖行内看到完好无损的钧瓷时，应当提高防范意识，以防伪器。从成因上看，主要与其钧瓷的保存环境有关，综观钧瓷史绝大多数钧瓷不是被保存在墓葬当中，由于钧瓷是人们日常生活当中的实用器，

▲图 2—1　完好无损天蓝釉钧瓷碗　元代

▲图 2—2　钧红釉瓷碗　元代

所以多保留在城址之中，这也是其完整器缺少的原因，由于遗址并不像墓葬有墓穴，只要是未经过扰乱的墓葬钧瓷基本上都能完整地保存下来，遗址是一个保存环境恶劣的地方，土壤直接叠压于钧瓷之上，经过数代的基本城市建设，地层被来回扰乱（图 2-3），在这种情况之下，绝大多数钧瓷完整器皿都已经荡然无存，偶见有完整器皿者，多是器物造型非常小的器皿，这一点我们在鉴定时一定要注意分辨。从地域上看，钧瓷完整器皿基本相当，不存在哪一个地区保留完整器多与少的规律性特征，这一点在鉴定时要注意分辨。

▲图 2—3　钧红釉标本　元代

残缺

钩瓷本身残缺了一部分，而且无法找到残缺部分的情况，我们称这件器皿残缺了。根据残缺的严重程度，我们可以将其分为轻微残缺和严重残缺两种情况：

1、轻微残缺。顾名思义就是指缺失的部分很少（图 2-4），通常情况下这种缺失不会影响到对于其造型的辨识，一般要求可以复原的造型，比如说钧瓷碗就要有底有口沿，这样的器皿可以恢复全貌。从数量上看，钧瓷器有轻微残缺的现象比较多，墓葬和遗址当中都能见到，以城址出土器皿为主，有时一个城址可见数百件轻微残缺的器皿，其实现在博物馆中展览的器皿有很大一部分也是修复而成。另外，窑址出土的轻微残缺的器皿也非常多，大多数窑址都出土了这样的标本，以钧瓷碗为例，多保留了口到底足的部分，这样的器皿完全可以复原。从时代上看，轻微残缺的钧瓷特征不是很鲜明，各个时代表现基本都是这样，具有均衡化的特征。这一点我们在鉴定时要注意分辨。

▲图 2—4　轻微残缺钧瓷碗　宋代

2、严重残缺。严重残缺的钧瓷非常多，墓葬和遗址内都有，墓葬出土多为1到2件，遗址出土往往是数千件，而遗址出土多以城址为显著特征（图2-5），这一点十分清晰，窑址和窖藏内很少见。由此可见，严重残缺很明显是钧瓷残缺的主流特征。其数量要远大于轻微残缺，这一点我们在鉴定时要注意分辨。从概念上看，严重残缺是指多数不能辨识造型的标本，很多只剩下的手掌心大的块，如一件钧瓷碗可能只剩下了一个底足，或者是口沿、腹部的一块，这样的器皿由于没有底足和口沿的联结，所以基本上都是无法复原的器皿。另外，从形状上看，有很多严重残缺的钧瓷剩下的部分只有指甲盖的大小，因此实际上对于钧瓷保护的任务是比较重的。从时代上看，宋、金、元等各个历史时期所保留下来的钧瓷以严重残缺为主（图2-6），从比例上看基本相当，但如果从绝对数量上看，元代最多、金代次之、宋代最少，鉴定时要注意分辨。

▲图2—5　严重残缺钧瓷标本　宋代

▲图2—6　严重残缺钧瓷标本　宋代

复原

中国古代钧瓷可复原者并不是很丰富，与总量相比可以说不占主流。可复原器皿对于钧瓷的研究价值、艺术价值和经济价值的恢复具有重要意义，所以一直都非常受到收藏者的重视。但目前很多人对于可复原的古瓷器在概念上存在着混淆，认为所有的残缺器皿都可以复原的观念是不正确的；复原是一种科学，它是有器物造型依据的复原，其复原的依据必须依靠其器物本身，而不能依靠文献或者是凭借经验，例如造型比较简单的钧瓷碗，只有具备了口沿和底足的联结（图 2-7），才能够准确地恢复其造型，这样恢复的造型才是真实可信的。而在传统的修复中，很多像象碗一样的口部造型，根据想象复原，这样的器物造型非但不科学，而且有捏造的嫌疑。从数量上看，可复原的钧瓷有一定的量。但值得注意的是，在暴利的驱使下，一些残缺的器皿经常被作伪者修复后，冒充完好无损的器皿牟利，由于器物是在真实器皿的基础之上修复，或者说只有一部分是伪的，所以极难分辨，鉴定时应注意分辨，应着重观察，看是否有明显或者隐秘的接痕。

▲图 2—7　可复原钧瓷标本　宋代

裂缝

有裂缝的钧瓷，一般情况下是外力作用的结果，钧瓷胎体因经受不住巨大外力作用而产生裂缝（图 2–8），从而使胎体分离，产生裂缝。窑内缺陷的情况很少见。由此可见，裂缝具有较强的偶见性。当然，钧瓷裂缝的情况并不常见，墓葬当中有见，但多为 1 到 2 件，遗址当中有见，特别是城址当中很少见，窑口内也很少见，有些窖藏内有见，但数量都不是太多，这样看来有裂缝的情况并不是钧瓷残缺特征中的重点内容，这一点我们在鉴定时要注意分辨。之所以有裂缝的钧瓷比较少见，其原因是钧瓷过厚的坚固的胎体，一般的外力不容易将其打碎，多是外力较强的时候，如墓葬塌陷，这就会造成钧瓷的支离破碎，但是只要未经过人工搅扰，这些支离破碎的碎片经过考古队员的精心拼合都是可以完全复原的，而在拼接的过程当中自然会出现诸多的裂缝（图 2–9）。作为考古修复，这些裂缝一般都不做掩饰处理，所以我们从博物馆库房和展厅中可以看得很清晰。但是古玩市场上的商业修复就不是这样了，它不仅是要将其拼合起来，而且还要将这些裂缝修复好，主要是根据釉

▲图 2—8　有裂缝钧瓷碗　宋代

▲图 2—9　有裂缝钧瓷碗　元代

色来调配色彩，一件真正修好的钧瓷应该是没有什么缺憾的，我们根本感觉不到是修复过的器皿，但实际上它是修复器。那么在古玩市场上经常有人就会买到这样看似完整的残瓷，所以一般情况下我们在购买比较贵重的钧窑瓷器时，一定要先用仪器来看一看是否有裂缝和修复过，这不是什么困难的事情，一般的大学文保实验室都有这样的仪器。存在侥幸心理是不行的，假如是经过修复过的瓷器，如果经常把玩，很有可能两到三年的时间内经常触摸的地方，裂痕就会重新显现出来。

听声音。对于有裂缝的钧瓷在判断上有一个很重要的鉴定要点，就是可以先听听声音，完好的钧瓷叩之可发出清脆悦耳的金属声（图2-10），而如果有裂缝的钧瓷，声音听起来沉闷，有嗡声，犹如沙哑之声。所以对于收藏者来讲，如果想收藏到一件完好无损的钧瓷，一定要先听一听声音。

▲图 2—10　有裂缝钧瓷碗　元代

变形

钧瓷变形器皿很少见，这与钧瓷略厚的胎体和高的瓷化程度是分不开的，这两点保证了其坚固性耐用性。再加之钧瓷在烧造技术上的成熟，以及在烧造态度上的精益求精，从而导致了钧瓷胎体坚硬，弧度圆润，基本上无变形器（图 2-11），为其成为宋代五代名窑之一打下了坚实的基础。钧瓷在器物造型上几乎涉及了生活的方方面面，如碗、盘、洗、瓶、尊、觚、罐、花盆、盏、托砚台等，大小器形都有见，做工相当精致，我们可以看到有些造型还是比较复杂，这显示了钧瓷在造型艺术之上的高超成就。但这并不是说钧瓷没有变形器皿，只是很少见，与整个钧瓷总量相比几乎可以忽略不计。从时代上看，中国古代钧瓷在时代特征上并不复杂，宋、金、元等各个历史时期都有见，不过数量都很少，如果相对而言，可能元代数

▲图 2—11　造型隽永天青釉钧瓷盘　宋代

量多一些，但与宋金时期相比也只是略多而已（图 2-12）。从精致程度上看，钧瓷与变形器的关系十分明确，变形器皿主要与粗糙相连，普通器皿中也有一些这样的器皿，而精致瓷器上基本不见变形器，因为如果是变形器。这一点我们在鉴定时应注意分辨。

▲图 2—12　略有变形钧瓷碗　元代

土蚀

土蚀是钧瓷釉面上经常可以看到的现象，实际上就是指土渍（图 2-13）。这些土蚀多数情况下难以剔除，如潮湿的环境，或者在保存环境中的一些化学反应，多会造成土蚀的存在。由此可见，土蚀的出现具有普遍性，随时随地都有可能出现。从数量上看，墓葬和遗址内都有出土，墓葬出土偶见 1 到 2 件，遗址出土数量比较多，可能数十件。从总量上看，钧瓷有土蚀者显然不占主流。从地域上看，土蚀的形成与地域有着密切的关联，通常情况下中原地区是保存瓷器比较好的地方，河南的中西部、山西南部、陕西东部等地土壤比较干燥，而南方地区的土壤十分潮湿，如上海地区有的地方向下挖 1 米就会出水，这样的环境自然导致许多钧瓷釉面受到不同程度的土蚀，因此南方地区保存的钧瓷土蚀较为严重，而北方地区、特别是中原地区则比较轻微，多数钧瓷历久如新，看起来釉面保存的特别好。从时代上看，中国古代钧瓷在土蚀上具有鲜明的时代特征，宋金、元等各个历史时期都有见（图 2-14），从数量上看也较为均衡。鉴定时注意分辨。

▲图 2—13　有土蚀钧瓷标本　宋代　林业

▲图 2—14　有土蚀钧红标本　宋代

磕伤

钧瓷磕伤者常见，磕伤的原因很复杂，但基本上都是人为的，只不过一些磕伤是同时期造成的，而另外一些磕伤是今天造成的，这两种钧瓷磕伤的特征很明显，旧伤看着伤口都已经钝化，没有划手的感觉，经历不同历史时期风雨的剥蚀，看起来色泽黯淡；但新伤看来色泽比较鲜亮，手有被划破感，不过从数量上看，钧瓷磕伤以旧伤为显著特征，新伤数量与旧伤相比几乎可以忽略不计。从磕碰的部位上看，口部、唇部、沿部、足部是其磕碰的重灾区（图2-15），很多器皿都是这些部位有磕伤，但从微观上看，磕碰的部位特征十分复杂，主要以器物造型为显著特征，如钧瓷碗磕碰的部位多数是在口足部，这些部位在使用的过程当中磕碰是太正常不过的事情了；钧瓷罐主要磕碰的部位是足部，因为像元代经常出现的荷叶盖罐，口部多在盖子的保护之下，所以很少见到有磕碰的痕迹；再如钧瓷觚由于在功能上主要是观赏用器，一般是放置在厅堂之中用于陈设，所以无论哪一个部位都很少见到被磕伤的旧伤。从价值上

▲图2—15　有磕伤钧瓷标本　宋代

▲图 2—16　有磕伤钧瓷碗　宋代　林业

看，磕伤对于钧瓷的研究价值伤害多数不是很大（图 2-16），但对于艺术价值的伤害有时还是比较大的，主要是对于人们心理上的影响，因为毕竟再微小磕伤也意味着残缺，再美也是残缺之美；磕伤影响最大无疑还是对其经济价值的影响，这种影响可以说是致命的，古玩界有一句老话“瓷器发毛分文不值”（图 2-17），这句话在今天虽然一些人认为可能有点过，但事实上的确影响很大，有磕碰的钧瓷在拍卖市场的价格会一落千丈，这还不是最糟糕的，因为很多器皿是有价无市的，流拍是很正常的事情。这一点我们在鉴定时要注意分辨。

▲图 2-17　有磕伤钧瓷碗　元代

第三章 釉色

天青釉

背景信息：天青釉是一种模仿天空中青色的乳光釉，在分相釉的基础上产生，同时钧釉又是一种石灰碱釉，在高温中的流动性不是很好，从而直接导致了钧釉较厚的结果，但晶体、莹光感明显增强，酷似晴空万里的天空，一望无际。可见所谓的天青釉色实际上就是一种窑变后的色彩。在宋代钧瓷上色彩已经相当稳定，几乎缺憾，达到了相当高的水平。但这只是从宏观上看。从微观上看，天青釉在色彩上的变化十分丰富，有浓深、较浅、浅淡之分，可以说“钧瓷无双”。鉴定时应注意分辨。

鉴定要点：

1、数量。钧瓷天青釉最为常见（图 3–1），墓葬和遗址都有出土，从件数特征上看，墓葬出土多为 1 到几件，遗址出土规模巨大，如城址当中有的出土成百上千件，由此可见，钧瓷天青釉在总量上十分丰富，为钧窑瓷器中的基本色调之一。

▲图 3—1　天青釉钧瓷标本　宋代

2、时代。天青釉色是钧瓷的主流色调，时代特征十分明显，贯穿于钧瓷的始终，宋、金、元等各个历史时期都有见。但相对而言，天青釉的钧瓷最鼎盛的时代是在金元时期，但元代的比例明显比金代要大。这一点我们在鉴定时要注意分辨。

3、光泽。钧瓷天青釉在光泽上特征十分明确，釉质纯净，光泽淡雅（图 3–2），同时伴随着深沉和柔和，宛如天空；光泽均匀，油脂感强烈，同时闪烁着非金属的淡雅光泽，精美绝伦。

▲图 3—2　天青釉钧瓷标本　宋代

4、精致程度。钧瓷天青釉与精致程度的关系模糊，无论精致、普通、粗糙的瓷器之上都有见，由此可见，天青釉只是一种釉色，而且是一种适合于王公贵胄，平民百姓的共同审美情趣的釉色，所以它不针对精致程度。钧瓷天青釉在精致程度上主要是受到时代和不同窑场的影响（图 3–3），通常情况下宋代天青釉的钧瓷在精制程度上比较好，而金代次之，元代在质量上有所下降，但与胎体及做工水平相比，元代在天青釉上的质量下降水平是最明显的，这一点我们在鉴定时要注意体会；从窑场上看，有官窑性质的窑场所烧造的天青釉钧瓷在精致程度上最好，而无官窑性质的民窑，特别是乡村级的民间小窑场在精致程度上略次之。

▲图 3—3　天青釉钧瓷标本　宋代

天蓝釉

背景信息：钧瓷天蓝釉，顾名思义就是像蔚蓝天空一样的色彩。这是一种模仿的自然色，而模仿天空的色彩在当时是一种潮流，与钧瓷天蓝釉色同时期的还有类似钧釉的白坪窑，包括著名的汝窑都烧制有天蓝釉的作品，但在天蓝釉上以钧瓷的成就最大，这与钧瓷的乳光釉有很大的关系，釉质的浑浊、失透使得钧瓷天蓝釉更接近于蔚蓝天空的色彩，深浅不一、浓淡层次的变化，使得人们产生了无限的遐想，犹如看到了蔚蓝的天空一般（图 3-4），思绪漫无边际，在真实和幻觉之间来回穿梭，这就是天蓝釉色的绝妙之处。这种色彩即使现在的高科技也是很难达到的，而宋代工匠凭借着宋代古瓷器鼎盛期的深厚经验，轻松将其烧造成功。从色彩差别上看，天蓝釉只是宏观上的色彩，但是从微观上看，钧瓷天蓝釉“无双”，常常是从细微的差异来描述不同的蔚蓝天空，所要迎合的是变化着的蔚蓝天空，仅从色彩浓淡程度上看，天蓝釉就可以划分为浓深、较浅、浅淡，在这些色彩之下又有无数的衍生色彩（图 3-5），由此可见，钧瓷天蓝釉在艺术上的成就非凡。鉴定时应注意分辨。

▲图 3—4　天蓝釉钧瓷标本　宋代

▲图 3—5　钧瓷碗（三维复原图）　宋代

鉴定要点：

1、数量。钧瓷天蓝釉时常有见，墓葬和遗址都有出土，从件数特征上看，墓葬出土多为 1 到 2 件，遗址出土数量众多，特别是城址和窑址内出土数量有时可以达到数百件，由此可见，天蓝釉的钧瓷总量较大，应为钧瓷当中最主要的色调之一。鉴定时应注意分辨。

2、时代。钧瓷天蓝釉在时代特征上十分明晰，北宋时期就是钧瓷主流色调之一，南宋基本上延续北宋；金代与北宋天蓝釉钧瓷一脉相承，在呈现色彩上比宋代略逊，但基本上没有太大的差别；元代基本上也是这样，呈色与前代基本上没有太大的区别（图3–6）。从比例上看，各个历史时期基本都相似；从绝对数量上看，天蓝釉的钧瓷主要以元代数量为最多，金代次之，宋代最少。

3、光泽。钧瓷天蓝釉的光泽鲜亮，如同蔚蓝的天空一样，光线充足，但绝没有刺眼的感觉，在一般的光线条件下形成微弱的反光，光泽润泽，淡雅，同其他如青釉色调瓷器放在一起，总是特别的醒目，吸引人们的眼球。从光泽属性上看，天蓝釉所发出的显然是非金属的光泽，但由于钧瓷釉质肥厚，属典型的乳光釉，所以流动性较慢，釉质看起来透而非透，迎合的是天空的深不可测，以及人们的视线所不能达到的那种神秘感。从油性光泽上看，在钧瓷天蓝釉釉面油脂光泽强烈，通体闪烁着淡雅的非金属光泽，精美绝伦，犹如幻境（图3–7）。

4、精致程度。钧瓷天蓝釉与精致程度关系并不复杂，精致、普通、粗糙的瓷器都有见，由此可见，天蓝釉对于钧瓷的确具有普遍性的意义，是否为精致瓷器显然与天蓝釉关系不大。这一点我们在鉴定时要注意分辨。

▲图 3—6　天蓝釉钧瓷标本　宋代

▲图 3—7　天蓝釉钧瓷标本　宋代

月白釉

背景信息：钧瓷月白釉模仿的是月光的色彩，加之石灰碱釉黏度大流动慢的特点，使月白釉所产生的效果更佳（图 3-8），钧瓷月白釉在色彩上十分稳定。从具体色调上看，月白釉的色彩是多种多样的，有浓深、较浅、浅淡之分，可以说是件件不同，差别较大，而且有一些失透性感，鉴定时要注意分辨。由此可见，月白釉是钧瓷重要的色调之一。

▲图 3—8　月白釉钧瓷碗　宋代

鉴定要点：

1、时代。月白釉的钧瓷时代特征明晰，宋、金、元等各个时代都有见，宋代月白釉瓷器已经比较发达，在为宫廷搭烧的瓷器中就曾发现这种月白釉的钧瓷，非常漂亮。金代月白釉的钧瓷也比较发达；元代更是达到了月白釉瓷器的鼎盛期。鉴定时应注意分辨。

2、数量。月白釉的钧瓷在数量上比较大，墓葬和遗址之中都有见，从出土数件数上看，墓葬多为 1 到几件，遗址件数较多，数十上百件的情况有见，由此可见，月白釉的钧瓷在总量上较大，完全可以与天青、天蓝釉的色彩相媲美，为钧瓷最重要的色调之一（图 3-9）。鉴定时应注意分辨。

▲图 3—9　月白釉钧瓷碗　元代

3、光泽。钧瓷月白釉光泽淡雅，油性光泽明显，多数钧釉看起来釉质肥厚，细腻滋润，精美绝伦。失去玻璃质感的钧瓷乳光釉，看上去光泽柔和；虽然色彩浓淡深浅不一，但光泽均匀，月光清冷的感觉被宣泄得淋漓尽致。总之，钧瓷月白釉沉静典雅，通体散发着非金属的油性光泽（图 3-10），精美绝伦，美不胜收。

4、精致程度。月白釉的钧瓷在精致程度上特征明晰，精致、普通和粗糙的瓷器都有见，并没有过于复杂的规律性特征。鉴定时应注意分辨。

▲图 3—10　月白釉钧瓷碗　元代

青灰釉

背景信息： 钧瓷青灰釉是一种典型的复色釉，青色与灰色最完美地融合在一起（图 3-11），在色彩上相当稳定，显然已经成为一种独立的色彩。钧瓷青灰釉本质是石灰碱釉，通透性很差，略浑浊，从具体色彩看，钧瓷青灰釉变化多端，明显划分出浓深、较浅、浅淡等色调。浓深钧瓷青灰釉色调上较为浓烈和深沉，使人看起来沉静典雅，主要是通过情与景的交融，触动人们的情怀，色彩比较稳定；较浅钧瓷青灰釉的概念处于浅淡与浓深之间，这种中性的色调在色彩上已经较为成熟，体现的是一个微观变化的世界；浅淡青灰釉的钧瓷色彩最浅，比较稳定，同一器物之上不易觉察细微变化，在不同器物之间能够感觉到浓淡层次的差别。鉴定时应注意分辨。

▲图 3—11　青灰釉钧瓷标本　宋代

鉴定要点：

1、数量。钧瓷青灰釉时常见到，墓葬和遗址内都能见到，墓葬出土多为1到2件，遗址出土数量多一些，数十几件的情况有见。显然没有天蓝、天青釉、月白釉的钧瓷在总量上丰富，但无疑属于仅次于这些釉色的重要一极。鉴定时要注意分辨。

2、时代。青灰釉的钧瓷在时代特征上十分清晰，宋、金、元等各个历史时期都有见，从比例上看，各个历史时期在数量上都相当；但从绝对数量上看，显然呈现出的是逆进关系，宋代数量最少（图3–12），金代大幅增加，元代数量进一步增多。鉴定时要注意分辨。

▲图3—12　青灰釉钧瓷标本　宋代

3、光泽。钧瓷青灰釉的瓷器在光泽上特征比较明显，虽然在色彩浓淡程度上有差别，但这种差别并不影响人们对于光泽的认识，钧瓷青灰釉给人们的感觉首先是淡雅、润泽，这与其釉质黏度大，流动不易有关。油脂感较强，有一定程度的玉质感，光泽稳定，很难像真正意义上的青瓷那样，反射出耀眼的光芒，这是由于乳浊釉的深色基调吸收了部分光线，降低了反射的强度，所以在光泽上表现出的总是柔和，沉静典雅，精美绝伦。

4、精致程度。钧瓷青灰釉在精致程度上特征明显，精致、普通、粗糙的瓷器都有见。但在出现的比例上特征各异，精致瓷器之上出现青灰釉的情况有见，但数量不多；主要以普通瓷器为显著特征；粗糙瓷器之上出现青灰釉的情况也有见。

淡青釉

背景信息：钧瓷淡青釉属单色范畴，呈现出比较淡的青色，色彩比较稳定，偏色和串色等现象只是偶见，可见其色彩显然已经较为成熟。但其在色调上的变化也是比较丰富，基本上可以划分为浓深、较浅、浅淡三种，从发掘出土器物来看，虽然是单色，但由于色彩浓淡程度的变化，钧瓷淡青釉在色彩上的变化极为繁富，几乎看不到两个相同色彩的淡青釉瓷器，迎合了“钧瓷无双”的显著特征。

鉴定要点：

1、时代。钧瓷淡青釉具有鲜明的时代特征，北宋、南宋、金代、元代等各个历史时期都有见，可以说贯穿于钧瓷始终（图 3-13）。从出现的频率上看，各个历史时期基本上都相似，没有过于复杂性规律性特征。鉴定时应注意分辨。

▲图 3—13　淡青釉钧瓷标本　宋代

2、数量。淡青釉的钧瓷在比较常见，一般的墓葬和遗址当中都有见，从件数特征上看，墓葬出土多为 1 到 2 件左右，城址内出土数量较多，有时可以达到数十件的规模。由此可见，淡青釉的钧瓷在数量上并不特别丰富，有一定的总量，但绝不是钧瓷在釉色上的重要一极，只是钧瓷中有见这种色调而已。鉴定时应注意分辨。

3、光泽。钧瓷淡青釉光泽特征明确，无青瓷玻璃质感，由于乳光釉，光线反射较弱，光泽淡雅、柔和（图 3−14），润泽之感油然而生，非金属的油性光泽很明显。鉴定时应注意这一点。光泽均匀程度比较好，明暗效果理想，整器多沉静典雅，柔和细腻，美不胜收。

▲图 3—14　淡青釉钧瓷标本　宋代

4、精致程度。钧瓷淡青釉与精致程度并没有过于密切的关联，而是精制、普通、粗糙者都有见，但从总量上应主要以普通瓷器为主，精致和粗糙的瓷器数量有限。但从精致瓷器上看，以宋代为多见，金代数量有所减少，元代精品瓷器有见，但基本上为偶见。粗糙瓷器则主要以元代为常见，金代也有见，但数量不如元代多，宋代最为少见。鉴定时要注意分辨。

梅子青

背景信息：钧瓷梅子青釉在概念上比较简单，就是模仿梅子色调，是宋代模仿色的浪潮当中又一产物，真正成熟意义上的梅子青釉直到南宋时期龙泉窑才烧造成功，钧瓷梅子青色在色泽上显然已是自成体系，只是模仿其意，而并不像龙泉窑梅子青那样色泽鲜丽，犹如新鲜梅子的色彩，而只是仿烧其意，通常情况下的钧瓷梅子青釉在色彩上略重（图 3-15），而且由于钧瓷石灰碱釉的流动性差，造成了整体上釉质的浑浊感，色彩浓淡层次的深浅不一，但这种变化多基于深色调之上，所以钧瓷梅子青釉在浓淡程度上很难分出浓深、较浅和浅淡，由此可见，钧瓷梅子青釉在色彩上更加趋于稳定，色彩独立性给人的感觉是更强。鉴定时要注意分辨。

▲图 3—15　梅子青釉钧瓷标本　宋代

鉴定要点：

1、时代。钧瓷梅子青釉的时代特征比较分明，各个历史时期都有见，但从出现的频率上看，宋代比较小，金元时期明显增大，特别是元代，这种色调由于比较容易烧造，所以大规模地出现。鉴定时要注意分辨。

2、数量。钧瓷梅子青釉的瓷器在数量特征上很明确，数量比较多，墓葬和遗址都有见（图 3–16），从件数特征上看，墓葬出土多为 1 到 2 件，遗址出土数量多的可达数百件；但在数量上明显有两极化的表现，宋代这种瓷器的数量比较少，而元代则十分丰富。梅子青釉的钧瓷总量较大，为钧瓷当中的一个重要品类。

▲图 3—16　梅子青釉钧红釉标本　宋代

3、光泽。钧瓷梅子青釉在光泽上特征十分明确，多数通体闪烁着非金属的光泽，油性感十足，从发掘出土的器物上看，很多器皿口磕和足磕很多，显然都是当时人们真正实用的器皿，而这种器皿显然是最需要这种油脂性的光泽了，因为钧瓷艺术的最大特点就是表征，通过釉色及光泽让人们产生联想，联想到飘香的美味（图 3–17），可见实用性的功能影响到了光泽。光泽均匀程度比较好，光线的照射会使梅子青釉发出耀眼的光芒，通常情况下则显现出细腻、柔和之感。鉴定时要注意分辨。

▲图 3—17　梅子青釉钧瓷标本　宋代

4、精致程度。钧瓷梅子青釉在精致程度上特征鲜明，梅子青釉所对应的钧瓷并非普遍性的，精致的瓷器中很少见，特别是在为宋代宫廷烧制的瓷器中很少见到；以普通和粗糙的瓷器为显著特征，普通的瓷器在数量上非常多见，从某种程度上看主要是以粗糙瓷器为最常见。鉴定时要注意分辨。

青色泛蓝釉

背景信息：钧瓷青色泛蓝釉时常有见（图 3-18），这是由钧瓷厚釉流动慢，而形成了石灰以及是真正民间的实用器皿所造成的，这一点是显而易见的。从稳定性上看，乳浊青色泛蓝釉的钧瓷在色彩上处处存在着变化，色调的变化，浓深、较浅、浅淡的层次依然存在，但同样表现很不稳定，在同一器皿之上有可能就会出现几种色调的变化，也许正面是浅淡青色泛蓝釉色，而到了反面就变成了较浅青色泛蓝釉的钧瓷，这或许在其他瓷器之上是不可容忍的，但在钧瓷之上却是正常的，恰好切合了钧窑瓷器“入窑一色，出窑万彩”的特点。鉴定时应注意分辨。

▲图 3—18　青色泛蓝釉钧瓷标本　宋代

▲图 3—19　青色泛蓝釉钧瓷标本　宋代

鉴定要点：

1、时代。青色泛蓝釉的钧瓷时代特征十分明显，宋、金、元等钧瓷鼎盛时代都有见（图 3-19），但从比例上看明显宋代最少，而金元时期则大量出现，特别是元代数量非常之多，如金元时期的钧瓷碗上就常见。鉴定时应注意分辨。

2、数量。青色泛蓝釉的钧瓷数量特征十分明确，墓葬和遗址当中都有见，从件数特征上看，墓葬出土多为 1 到 2 件，遗址出土数量较多，有见数百件的情况，有一定的总量，但显然并不能占据主流地位，与钧瓷主流的色调，如天蓝釉、天青釉等在数量上还有差距。鉴定时应注意分辨。

3、光泽。青色泛蓝釉的钧瓷光泽特征明显，黯淡与光亮相对，青色往往表现出来的色彩较为淡雅（图 3–20），而蓝色往往较为鲜亮，这一点是没有疑问的，而也正是这样的光泽对比，使得青色泛蓝釉的钧瓷在色彩上更加具有韵味，深受人们喜欢；从类别上看显属非金属的光泽，油性感较为强烈，乳光釉受光面在强光的刺激下会反射出耀眼的光芒，但在普通光线下光泽淡雅，柔和；在色调上浓深与浅淡并存，明暗结合处渐变色彩也处理得非常好，沉静典雅，精美绝伦。不同的人看到青色泛蓝釉时会有不同的感觉。鉴定时应注意分辨。

▲图 3—20　青色泛蓝釉钧瓷标本　宋代

4、精致程度。青色泛蓝釉的钧瓷与精致程度的关系十分明确，精致、普通、粗糙的瓷器都有见，但从实物观测来看，青色泛蓝釉的钧瓷主要以普通和粗糙者为多见，特别是粗糙的瓷器最为多见，精致瓷器很少见。鉴定时应注意分辨。从时代上看，金元时期粗糙瓷器的数量略多，而宋代则很少见到粗糙的青色泛蓝釉瓷器。鉴定时应注意分辨。

玫瑰紫釉

背景信息：玫瑰紫釉是一种高温还原铜红釉，由于釉内含少量的铜，在高温还原的气氛中烧制而成，红色为釉质中铜的还原色彩，而红色与蓝色以最完美的方式交融在一起，这就是传说中的“钧红玫瑰紫”釉（图3-21）。在色彩表现上玫瑰紫釉并非是完全对玫瑰色彩的模仿，而只是仿其意，在色彩上达到了至纯至美的状态，红中有紫、紫中有红、褐色等，窑变气氛异常浓重。但这只是从宏观上看。从微观上看玫瑰紫的色彩较为复杂，主要用浓淡程度来宣泄人们思想。浓深玫瑰紫釉在色调上较为浓重、沉静、典雅，趋于庄重；较浅玫瑰紫釉在色彩上处于浅淡与浓深之间，色彩趋于中庸，色泽淡雅，精美绝伦；浅淡玫瑰紫釉在色调上最为浅淡，稳定性较好（图3-22）。鉴定时应注意分辨。

▲图3—21　玫瑰紫釉钧瓷标本　宋代

▲图3—22　玫瑰紫釉钧瓷标本　宋代

鉴定要点：

1、时代。玫瑰紫釉具有鲜明的时代特征，宋、金元等各个时期都有见，从比例上看具有很大差别，宋代玫瑰紫釉较为丰富，金元时期玫瑰紫釉下降的速度比较快。由此可见，玫瑰紫釉显然是中国古代瓷器鼎盛期的产物。鉴定时应注意分辨。

2、数量。玫瑰紫釉时常有见，墓葬和遗址都有见，墓葬出土多为1到2件，但并不是每一个墓葬都会出土玫瑰紫釉色的瓷器；遗址出土件数略多一些，有见数十件的情况，由此可见，钧瓷玫瑰紫在总量并非十分丰富（图3–23），如果与钧瓷总量相比，只是沧海一粟，一种点缀而已。如果相对于钧红来讲，那么玫瑰紫的釉色显然是钧红中最重要的色彩之一。

▲图3—23　玫瑰紫釉钧瓷标本　宋代

3、斑块。钧瓷玫瑰紫釉存在的状态多是在不同的钧瓷釉色之上形成不同形状的斑块，如，在天蓝釉之上形成玫瑰紫色的斑块，大小不一，形无约束，犹如天空中的红霞，赏心悦目，为人们的生活增添了不少情趣（图3–24）。从部位上看，钧瓷玫瑰紫釉的斑块在部位上没有规定化的特征，在理论上钧瓷之上任何部位都可以看到，但总的来看还是可控的，如钧瓷罐多是在腹部；而钧瓷碗多是在内腹或是外腹，总之通常情况下玫瑰紫斑块都是出现在较为醒目的地方，而不会是不明显的地方，如仅仅是口唇部等。从体积上看，钧瓷玫瑰紫釉在体积上差别比较大，小的只有有手指印那么大，而大的则可是呈现出带状的，有的还不规则地环绕地存在。鉴定时应注意分辨。

▲图3—24　玫瑰紫釉钧瓷标本　宋代

4、光泽。玫瑰紫釉在光泽上色彩淡雅（图 3–25），存在着钧瓷乳浊釉黏度大，不易流动等特点，由于是乳光釉，所以基本上不透明，有一些浑浊感；由于以红色或紫色为基调的色彩对于人们的视觉刺激比较强烈，一般情况下玫瑰紫釉光泽都比较强烈。从油性感觉上看，玫瑰紫的钧瓷油性光泽比较好，通体闪烁着非金属的淡雅光泽。

▲图 3—25　玫瑰紫釉钧瓷标本　宋代

5、意境。钧瓷玫瑰紫釉不仅仅是一种色彩，它的本质目的是带我们进入一种境界，一种基于现实又超越现实的境界，钧瓷就是通过这些强烈的外部刺激触动人们的情怀，感悟到意境之美，引起人们对于美好实物的回忆（图 3–26）。从时代上看，意境是一种时代的产物，不同时代有着不同精神内涵折射，钧瓷的绝妙也就在于此，不同时代的人在看到它后会有不同的人生感悟，这种感悟不断地跨越时空，实现着它的社会化功能。

6、精致程度。玫瑰紫釉与精致程度的关系密切，虽然说精致、普通、粗糙的钧瓷都有见，但主要以精致瓷器为显著特征，同等条件下有玫瑰紫釉的钧瓷都比其他瓷器要精致一些，玫瑰紫釉与钧瓷交相辉映，不断地在艺术上进行着超越；普通瓷器之上玫瑰紫釉也有见，在数量上还是比较多，但玫瑰紫釉在色彩呈现上明显不

▲图 3—26　玫瑰紫釉钧瓷标本　宋代

及精致者；粗糙瓷器之上玫瑰紫釉并不多见，数量比较少。鉴定时要注意分辨。从时代上看，宋代精致的玫瑰紫釉瓷器比较多（图 3-27），而金元时期玫瑰紫釉的瓷器不是很多见。从窑口上看，为宫廷烧造的钧瓷中玫瑰紫釉数量较多，民窑瓷之上玫瑰紫釉瓷器的数量比较少。鉴定时应注意分辨。

▲图 3—27　玫瑰紫釉钧瓷标本　宋代

海棠红

背景信息：顾名思义，钧瓷海棠红因像海棠一样色彩而得名，在高温还原的气氛中烧制而成,各种复色相互融合，目的只为一个，在色彩上模仿现实生活中的海棠花。从宏观上看，海棠红色较为稳定，但是从微观上看，海棠红色色彩的变化十分频繁，无处不在，可以分为浓深、较浅、浅淡等几种情况；浓深海棠红釉色调较为浓深，沉静、典雅，富于变化，窑变气氛浓重；较浅海棠红色彩较为中性，淡雅、柔和；浅淡海棠红 色调最为浅淡，稳定性较好，显然为一种独立色彩。犹如天空中的彩虹(图 3-28），精美绝伦。

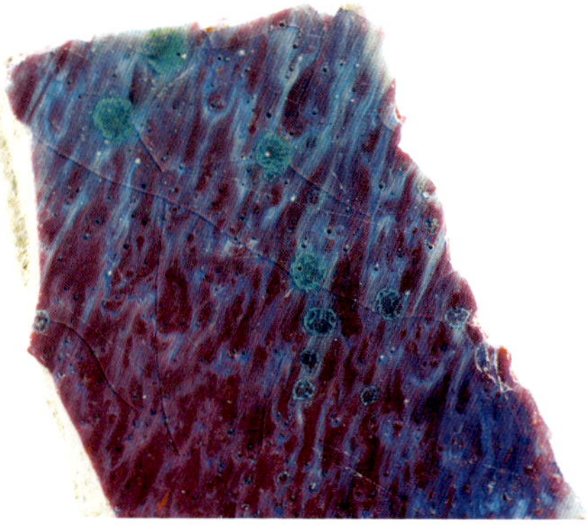

▲图 3—28 海棠红钧瓷标本 宋代

鉴定要点：

1、时代。钧瓷海棠红釉具有鲜明的时代特征，宋、金、元等各个时代都有见，但在出现的频率上区别较大，宋代出现比较多，金代略有减少，元代进一步减少。鉴定时应注意分辨。

2、数量。海棠红的钧瓷在数量上特征比较明显，宋、金、元等各个时代的墓葬和的遗址当中基本都有见，墓葬出土数量多为 1 到 2 件，遗址出土数量多一些，窑址出土数量多在数十件左右，遗址出土数量有见上百件的情况，由此可见，钧瓷海棠红釉在钧红中有一定的量，但如果与整个钧瓷的数量相比，可以说是沧海一粟，基本上可以忽略不计，所以我们在市场上如果看到大量的海棠红釉瓷器，要在心理打一个问号，小心是伪器皿。

3、斑块。钧瓷的海棠红与其他钧红一样，多是以斑块状的形状存在（图 3–29）；从形状上看，海棠红斑块无拘无束，没有统一的标准；在位置上飘忽不定，在任何一个部位都有可能出现海棠红的色彩，但通常情况下是较为醒目的地方比较多见。从体积上看，大小不一是其显著特征，带状海棠红釉、指甲大小者都有见。我们鉴定时要注意分辨。

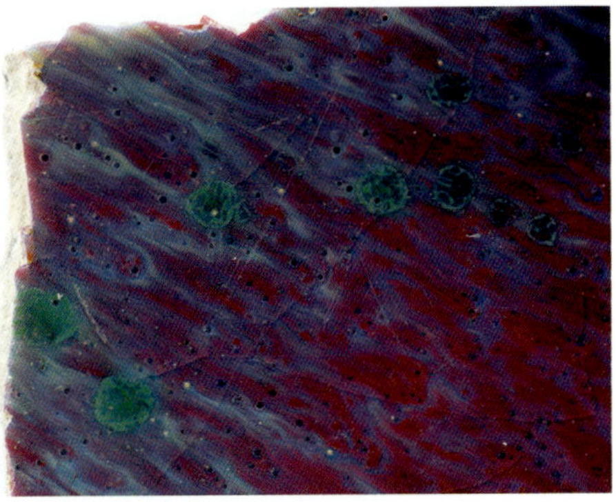

▲图 3—29　海棠红钧瓷标本　宋代

4、光泽。海棠红的钧瓷光泽淡雅，柔和，闪烁着淡雅的非金属光泽，光泽均匀程度比较好，差异性以微观为显著特征；由于是乳光釉,所以海棠红釉釉内浊釉黏度大，不易流动，失透感强，但增加了其润泽性。油性感比较强烈，釉面光洁，美不胜收。

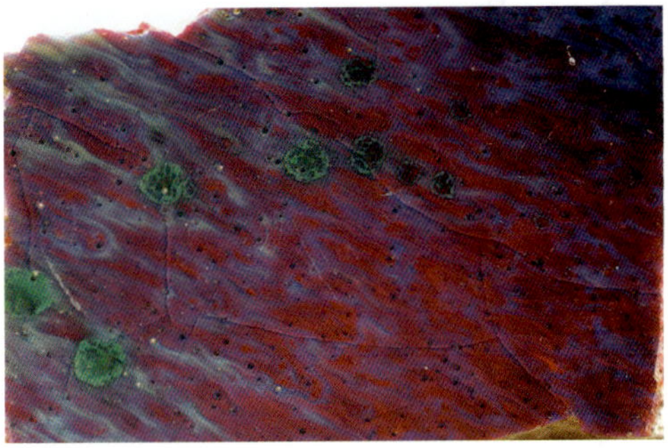

▲图 3—30　犹如幻境的海棠红钧瓷标本　宋代

5、意境。钧瓷海棠红绚丽，会立刻将我们带入一种境界，一种超越了时间和空间的幻境，这是所有见到钧瓷海棠红釉的人都始料不及的，很自然人们的思绪会随着海棠红色进入有我或者是无我之境，人们会将生活中所有的美好事物，包括情怀和理想与此相联，从而精神为之一振，感悟人生之美。

6、精致程度。钧瓷海棠红与精致程度关系极为密切，从出土器物来看，钧瓷海棠红的釉色主要对应的是精致瓷器(图 3–30)，普通和粗糙瓷器之上有见，但所见数量十分有限。从时代上看，以宋代为最多，金元时期数量较少。从窑口上看，主要以一些重要的窑口为显著特征，特别是为宫廷烧造过瓷器的窑场，在精致程度上明显高一个档次，在海棠红釉出现的频率上也是明显高一个档次。鉴定时应引起我们特别的注意。

柿红釉

背景信息：柿红釉是一种模仿色，其本质还是一种高温铜红釉，以最完美的方式融合在青色调的钧瓷之上。从色调上，钧瓷柿红釉可以分为浓深、较浅、浅淡三种，浓深柿红釉色调浓重，趋于庄重，色彩淡雅，比较稳定；较浅柿红釉的钧瓷在色彩上处于中性，稳定性较好，显然为一种独立的色彩（图 3-31）；浅淡柿红釉的钧瓷色调浅淡、稳定成熟。鉴定时应注意分辨。

▲图 3—31　柿红釉钧瓷标本　宋代

鉴定要点：

1、时代。从时代上看，柿红釉的钧瓷宋代、金代、元代都有见，但在出现的频率上区别较大，以元代为显著特征，金代有见，宋代所见最少。鉴定时应注意分辨。

2、数量。柿红釉的钧瓷时常有见，墓葬和遗址内都有见，从件数上看，墓葬出土多为 1 到 2 件，遗址出土数量多一些，城址内有见数十件的情况，从总量上看，钧瓷柿红釉有一定的量（图 3-32），但显然与钧瓷总量差距还比较大，是钧红中最重要的色彩之一。鉴定时应注意分辨。

▲图 3—32　柿红釉钧瓷标本　宋代　林业

3、斑块。钧瓷柿红釉多以斑块的状态存在，形状大小不一，以体积小者为多见，大的形成带条状的红釉大斑块很少见，多数犹如一片树叶，在青色调的钧瓷之上相映成趣。从色彩上看，斑块状的柿红釉比较稳定，受乳浊釉的影响，柿红釉在细节的变化上十分丰富，但多限定在柿红的范畴之内。鉴定时应注意分辨。

4、光泽。柿红釉的钧瓷由于乳浊釉黏度大，不易流动，再加之釉面肥厚，虽然失透，但看起来越发柔和，窑变气氛更为浓重，油性光泽强烈，通体闪烁着非金属的油性光泽。在明暗程度上钧瓷柿红釉并没有因为是红色而显得刺眼，而是光泽淡雅，釉质鲜嫩（图 3-33），沉静典雅，美不胜收。

5、意境。钧瓷柿红釉是工匠思想的一种宣泄，与意境紧密相连，通过人们熟悉的柿红色彩，将我们的思绪带入一种回忆，使人们联想到甜蜜的柿子，或许是童年的记忆，或许是亲人的音容笑貌，它是一个切入点，通过色彩触动人们的情怀，使人感悟人生。这应该是其主要所折射出的精神内涵。鉴定时应注意分辨。

6、精致程度。柿红釉的钧瓷与精致程度关系密切，过于精致的瓷器之上很少见有这种釉色，如为宫廷烧造的钧红之上就很少见到柿红釉，其原因很简单，就是因为柿红过于民间化了，如在河南的乡野之间一带，在柿子成熟的季节，树上到处都挂满了成熟的柿子，而宫廷内的帝王则不会对此有过深的感触。从发掘出土的器物来看，钧瓷柿红釉主要以普通和粗糙的瓷器为多见。再次证明了柿红釉来源于生活，有着浓重的民间窑场气息。鉴定时应注意分辨。

▲图 3—33　柿红釉钧瓷标本　宋代

▲图 3—34　色彩艳丽的柿红釉钧瓷标本　宋代

通过以上我们对于诸多釉色的详细写照解析，我们可以看到钧釉在色彩上的变化多端，“入窑一色，出窑万彩”（图 3-34）、“钧瓷无双”是其本质，钧瓷的色彩在宏观上又是可控的，钧釉在色彩上决不仅仅是以上几种，还有很多，如暗红、胭脂红釉、葡萄紫、茄皮紫、丁香紫等釉色都是闻名天下。不同时代的人们看到这些釉色都会折射出不同的精神内涵，钧瓷真正通过釉色跨越了时空，直到今天。鉴定时要注意分辨。

第四章 钧窑

渊源

钧窑生产的是一种青中带红，蓝中带紫、“入窑一色、出窑万彩”般的瓷器，在宋代成为人们所称道的五大名窑之一。然而人们不禁会问，钧窑是怎么来的呢？钧窑的产生是一个漫长的历程，最早见到的钧瓷元素是唐代的花釉瓷器，在花釉瓷器之上有蓝色斑块，这些斑块窑变气氛十分凝重，显然是钧瓷的祖型。也正是有了花釉瓷器上的窑变斑块（图 4-1），最终导致了钧窑这一著名的窑口的产生。

▲图 4—1　鲁山窑花釉瓷器标本　宋代

数量

钧窑瓷器在数量上相当丰富，为人们日常生活中的实用器，无论宫廷还是民间都有使用（图 4-2），但从根本上看主要还是以民间用瓷为显著特征，特别是钧瓷碗的数量十分庞大。墓葬和遗址中都有见，墓葬多见 1 到数件，遗址特别是城址当中出土规模庞大，数千上万件的情况都有见，钧瓷在总量上规模十分庞大，在当时是可以和青瓷、白瓷、黑瓷数量媲美的重要瓷器品类之一。

▲图 4—2　钧瓷天蓝釉标本　宋代

窑址

钧窑的窑址在今天的河南禹县，因在金代设立钧州而得名，发掘情况与记载基本相一致，如在河南禹县就发现了 100 多处钧窑遗址，其中钧台窑和八卦洞窑被认为是为宫廷烧造过瓷器的窑场；钧瓷以禹县为中心不断向周边扩散，金元时期烧造重点逐渐向西移动，在元代河南西部的新安县境内也发现了 100 多处窑址。实际上钧瓷窑场在同时期并不止几百处，而是形成了巨大的窑系，烧造钧瓷的窑场可谓星罗棋布，成千上万，遍及全国，可见钧瓷窑场的繁盛。鉴定时应注意分辨。

时代

钧窑时代特征鲜明，从数量上看宋、金、元等历史时期都是其鼎盛期，但如果从工艺上看，宋代显然在烧造技术上达到了巅峰状态，烧造的瓷器精益求精，精美绝伦，件件都是上等艺术品，与官哥汝定并称为宋代五大名窑；但自金代开始在烧造态度上有所放松，烧造技术有所下降，元代更是这样（图 4–3），但这两个时期钧窑依然生产量很大，钧瓷在明代被青花瓷排挤出主流市场。

▲图 4—3　钧瓷月白釉碗　元代

精致程度

钩窑瓷器在精致程度上基本上可以分为两极，即精致和普通两极，粗糙的钧瓷数量很少，不能成为独立的一极，我们在鉴定时知道就可以了。精致钧瓷工艺精湛，精美绝伦，件件都可称之为精品（图4-4），这种瓷器在时代上主要以宋代为主，在数量上并不多，而且有很多还具有官窑的性质。普通瓷器多数为民用瓷，产量巨大，是钧瓷的主流。鉴定时应注意分辨。

▲图4—4　钧窑瓷碗　宋代

器物造型

钧窑瓷器在器形上十分丰富，涉及生活中的方方面面，如钧瓷碗、盘、洗、碟、盆、觚、奁、钵、瓶、炉、注、罐、尊等都常见（图4-5），可见钧窑瓷器在器物造型上是十分丰富。但从数量上看，这些器物造型有不均衡性，如钧瓷碗的数量可能占到整个钧瓷总量一半以上，甚至还要更多，而钧瓷罐的数量与之相比就显得非常少，尊和注的数量可能更少。差异性比较大。由上可见，钧窑瓷器在器物造型上主要分化为两大类，一类是以碗为代表的日用生活品。二类是以花盆、瓶、罐等为主的陈设观赏器。鉴定时应注意分辨。

▲图4—5　钧瓷月白釉罐　宋代

纹饰

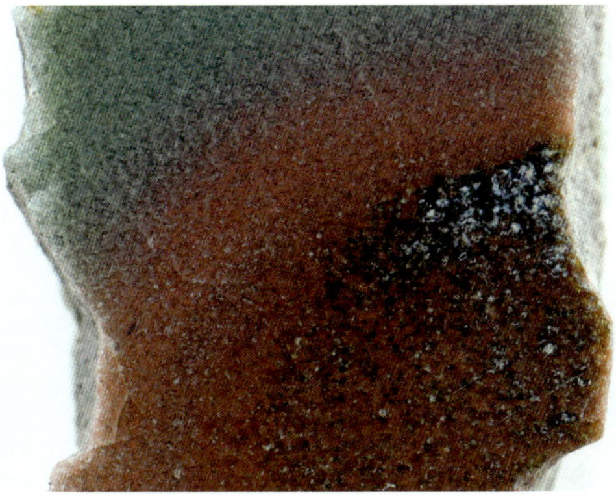

▲图 4—6　钧窑红釉瓷器标本　宋代

钧窑主要是以“釉质取胜”（图4-6），这一点显而易见，万变的釉色就是很好的明证。而钧瓷拥有纹饰的情况是很少见的，偶见有简单纹饰的现象，如果与钧瓷总量相比，几乎可以忽略不计。从宫廷使用的钧瓷来看基本釉面也是没有纹饰。由此可见，钧窑实际上应当是非常排斥使用纹饰来进行装饰的。鉴定时应注意分辨。

釉色

钧窑万变的釉色是其跻身于宋代五大名窑的关键因素，钧瓷“入窑一色，出窑万彩”，主要是在其窑变的气氛中自然形成，浑然天成，仅常见的色彩就有天青、天蓝、月白、灰青、淡青、梅子青、青色泛蓝等，而这仅仅是其主流的色调，在这些色彩之下还有着许多衍生性的色彩，如天蓝釉主要是模仿天空的色彩（图4-7），仅从宏观上就可以分为浓深、较浅、浅淡等色彩，如果从微观上看基本

▲图 4-7　天蓝釉钧瓷花口沿标本　宋代

上是无相同釉色之器皿，其他釉色也是这样，过多实例就不再赘述，由此可见，钧瓷在釉色上的确是变化无常，这也就是人们常说的“钧瓷无双”。另外，钧瓷在釉色上的伟大成就之一，就是第一次将铜红釉烧制成功，如玫瑰紫、海棠红、柿红釉、暗红釉、胭脂红釉、葡萄紫等釉色都常见，可谓精美绝伦，犹如幻境，从此绚丽多彩的钧窑瓷器登上历史舞台，闪烁着淡雅柔和的非金属光泽。钧窑瓷器是单调色彩向多样化色彩发展的一个里程碑，钧窑瓷器的发展为后来诸多颜色釉瓷器的大发展奠定了基础。

釉质

钧窑瓷器釉质以肥厚为显著特征，稠密，非通透（图 4-8），宋元瓷器是一个“惜釉”时代，而钧窑瓷器却一反常态，以厚釉为显著特征，突显出一种异样之美，真正将厚釉变成了一种美，而钧窑也就是靠这种美，和万变的釉色，在当时瓷窑林立、竞争激烈的瓷业格局中占有一席之地，成为宋代五大名窑瓷器之一。当然钧窑瓷器在釉质上也有许多缺点，比如有棕眼等，然而这些却成了我们现在判断钧瓷真伪的依据。以及钧瓷那硕大的流釉痕迹，都给人们留下了深刻的印象，显然这些过于大的流釉痕迹，呈现出淡雅光泽和晶体状，相当美。在这里，钧窑将传统人们所认为是缺陷的流釉变成了一种美。由此可见，实际上钧窑本身就是一个极具艺术性的窑口，它所烧制出的钧瓷无不带有积极向上的艺术气息（图 4-9）。鉴定时我们要注意分辨。

▲图 4—8　钧红釉瓷器标本　宋代

▲图 4—9　钧窑红釉瓷碗　宋代

胎质

钧窑瓷器胎质细腻、致密、坚硬，在胎体上达到了相当高的水平，这一点我们在鉴定时应注意分辨。从胎色上看，钧窑瓷器以青、灰、褐胎等为主，白胎处于次要地位；当然在胎色中还有黄、橙等色彩存在，这些胎体多数与选料有关，如黏土及其掺合料多与此类胎体有关，常见的胎色主要有灰白胎、青灰胎、铁青胎、灰黑胎等色（图 4-10）。从厚薄上看，钧窑瓷器胎体以厚重为显著特征；从造型上看，多数钧窑瓷器造型隽永，基本不见变形器。鉴定时应注意分辨。

▲图 4—10　近"香灰胎"钧瓷标本　宋代

第五章 造型

第一节 口部

敞口

敞口的钧瓷数量众多，墓葬和遗址内都有见，墓葬多见 1 到 2 件，遗址内出土有见数十件的情况，有一定的总量，是钧瓷中最重要的口部特征之一。敞口所涉及的器物造型十分丰富，碗、盘、碟、壶、盆、钵等都有见，其中以钧瓷碗的数量最多，盘、碟等的比例也比较大。从衍生造型上看，主要有大敞口、小敞口、微敞口等为主要特征。钧瓷敞口在功能上主要以实用为主，兼具有装饰的功能。从流行程度上看，敞口居多，无论宫廷还是市井之上、都有使用（图 5-1）。从时代上看，宋、金、元等时期都是异常流行，明清时期的钧瓷产品也是这样，可以说是贯穿于钧瓷史的始终。鉴定时应注意分辨。

▲图 5—1　敞口钧瓷碗　宋代

侈口

侈口的钧瓷在形制上向外延伸的幅度比例大，可以明显地观察到；钧瓷侈口数量众多，为钧瓷最重要的口部造型之一。从器形上看，以灯、碗、壶、碟、炉、水注、盘、瓶等为主，可见器物造型比较丰富。钧瓷碗在数量上处于绝对统治地位，壶、瓶、盘等的比例都比较大。从衍生造型上看，主要以体积为显著特征，存在着明显的大小之分，如大侈口、普通侈口、小侈口等（图5-2），近似侈口的造型也有见，总的来看衍生造型不是很丰富。从功能上看，侈口的钧瓷在造型上主要以实用性为主，装饰的功能也有，但显然多数处于次要的地位。这一点从碗、盘等器皿上可以看得很清楚。但也有一些器皿之上的侈口（图5-3）是以装饰性功能为先导，如瓶、壶、觚等，这些器皿多为陈设装饰的功能。侈口的钧瓷流行非常之广，无论上流社会和市井之上都有使用，自宋代开始后，金、元直至明清都是这样。鉴定时应注意分辨。

▲图5—2　侈口俊红釉碗　元代用

▲图5—3　侈口钧瓷注　宋代

敛口

钧瓷敛口在形制上有明显的内敛过程（图 5-3），众多的口部造型，如圆口、椭圆口、长方形口、诸多不规则口等都有可能是敛口。在器物造型上，敛口的钧瓷以碗、盘、碟、盏、洗、盆、瓶等为常见，器物造型十分丰富，其中以钧瓷碗在造型最为丰富。在衍生造型上，以大、小敛口为常见，近似敛口的情况也有见，但数量很少。在功能上，敛口的钧瓷在功能上特别明确，就是以实用为主，多数敛口实际上幅度很小，实际上只是一种象征（图 5-4），视觉意义上的，并不影响其实用功能，如碗钧瓷碗的散热功能等。由此可见，多数敛口显然只是视觉上的盛宴，对碗的功能影响甚微。敛口的钧瓷在各类口部特征中出现的比较频繁，流行很广，贯穿于钧瓷始终。

▲图 5—4　敛口钧瓷标本　宋代

花口

花口的造型在钧瓷中十分常见，给人的印象是大气磅礴，它并不像白瓷碗上葵花口一样那样蜻蜓点水和含蓄，而是形象地表现为一朵荷花，或者是荷叶，曲折来回，使得花卉立体仿真，犹如绽放的花朵，美不胜收。从器形上看，如碗、盘、洗、碟、瓶、罐等都常见，器物造型众多。题材以莲花、葵花、菊花等为显著特征。从功能上看，花口的钧瓷以实用和装饰功能的结合为显著特征，目的是要给人们的视觉以强刺激，使人们欣赏到最美的艺术。体现钧瓷以“造型取胜”的美好愿望。钧瓷花口的造型异常流行（图 5–5），宋、金元等各个历史时期都有见，只是在出现的频率上有差异，宋代花口的造型比较丰富，金元时期的比例略低，但从绝对数量上看这两个时期基本相似。鉴定时我们要注意分辨。

▲图 5—5　花口钧瓷标本　宋代

直口

钧瓷直口的形制其实并非笔直，多是以视觉为判断标准，完全是一种视觉上的盛宴，将诸多口部造型囊括其中，如椭圆口、四方口、小口、长方形口、众多不规则口等。从器物造型上看，以碗、洗、盘、盆、钵、杯、瓶、罐等多见，相比较而言，以钧杯最为常见。从衍生造型上看，近直口、口微直、小直口、大直口等都常见。从功能上看，主要以实用为主，钧瓷杯完全是以实用为先导，同时体现装饰的功能，但出土器物并不是十分丰富，可见钧瓷并不热衷于直口的造型，钧瓷中只是有直口的造型而已，鉴定时应注意分辨。钧瓷直口的造型流行程度较广，宋元时期都时常有见，各个阶层也都有使用，只是总量不是很大而已（图 5–6）。鉴定时应注意分辨。

▲图 5—6　直口鲁山窑具有钧瓷意味的瓷罐　唐代

大口

大口的钧瓷在形制上比较简单，就是指口部较大的造型。大口所能囊括的造型十分丰富，除了小口的造型外，其他如侈口、敞口、直口、圆口、子母口、椭圆口等的造型都有可能是大口（图 5–7）。钧瓷大口的造型器形十分丰富，常见的主要有碗、洗、碟、盘、盆、盏、觚等。从比例上看基本相当，具有均衡化的特征。从绝对数量上看，以钧瓷碗的数量最为丰富。钧瓷大口在功能上主要以实用为主，如钧瓷碗大口（图 5–8）的功能很明确，就是为了人们进餐的需要，大口是它的宿名，因为它不可能是小口。其次钧瓷大口兼具有陈设、装饰的功能。流行程度非常之广，钧瓷鼎盛的宋、金、元等各个历史时期异常流行。

▲图 5—7　大口钧瓷碗　元代

▲图 5—8　大口钧瓷碗　宋代

小口

小口的概念十分明确，就是从视觉上看比较小的口部造型，而并不是没有几何意义上的尺寸特征（图 5-9），是一场视觉盛宴。小口的钧瓷十分常见，墓葬和遗址内都有见，有一定的量，常见的如椭圆口、四方口等各种口部造型都有见，以圆口为主。小口钧瓷常见瓶、壶、罐等造型，这些造型由于实用功能的限制，如瓶的口造型不大可能像碗一样大，这不符合瓶子造型的特质。钧瓷小口的造型装饰功能有一些，但主要体现的是实用与装饰的融合，而不是其他。小口钧瓷在宋、金、元等各个历史时期都非常流行，无论宫廷，还是百姓家中都有使用，地域广及全国各地，从目前发掘出土的器物来看，包括当时较为偏远的上海和海南等地都有发现。鉴定时应注意分辨。

▲图 5—9　小口钧窑瓷瓶　明代

撇口

顾名思义，就是口部向外撇的口部造型（图5-10），在钧瓷中时常有见。除了直口的造型外，各种口部造型都有可能见到撇口的造型，如侈口、敞口、小口、大口、圆口、四方口等，事实上这些口部造型也都发生过，只是频率不同而已；钧瓷撇口的造型碗、洗、碟、盘、瓶、钵、壶等为多见（图5-11），可见涉及器物造型比较丰富，出现频率最高的应属盘、瓶、碟、壶等器皿。微撇口、撇口较常见。撇口钧瓷以实用为主，兼具装饰性功能，如钧瓷执壶，撇口的造型既符合实用的功能，同时也迎合装饰性的功能。撇口的钧瓷器十分盛行，一些特定的器物造型，如钧瓷执壶等造型基本上都固定化了，从始至终都是撇口的造型。无论是达官贵人还是平民百姓都在使用撇口瓷。鉴定时应注意分辨。

▲图 5—10　撇口钧瓷标本　宋代

▲图 5—11　撇口钧瓷标本　宋代

喇叭口

钧瓷喇叭口的形制弧度圆润，造型隽永，溜线感强烈，因酷似喇叭的造型而得名（图5-12），是钧瓷当中最为张扬的口部造型之一。墓葬和遗址内都有出土，多为1到几件，由此可见，喇叭口造型的器皿在总量上并不是很大。钧瓷喇叭口对于造型的选择性很强，多是被限制在一些器皿之上，如壶、瓶、执壶等常见，而且出现的频率很高。体积大小有变化，如大、小喇叭口等都常见。造型的张扬意味以装饰为先导，但钧瓷毕竟是老百姓生活当中的实用器皿，所以即便是以装饰为先导的器皿也具有实用价值，因此多数钧瓷喇叭口其功能多体现为装饰与实用的融合。钧瓷喇叭口在各个时代都是深度流行，“通销全国”，无论达官贵人还是普通百姓都乐于使用，由此可见，喇叭口这一古老的造型在钧瓷之上花开满枝，果实累累鉴定时应注意分辨。

▲图5—12　喇叭口钧瓷瓶　明代

第二节 唇部

种类

钧瓷唇部种类繁多，常见的造型主要有尖圆唇、圆唇（图 5-13）、方唇、尖唇、卷唇、平唇、厚唇等。不过这些唇部造型在出现的频率上并不均衡，有较大的差异。尖圆唇最多，紧随其后是圆唇，其他唇部相对较少。钧瓷唇部厚度十分明确，以厚唇为显著特征（图 5-14），厚唇的形成主要有两个方面的原因，一是胎体略厚，二是釉质较厚，两种厚度叠加在一起，整个钧瓷唇部的造型就变得比较厚了。钧瓷唇部造型是一个大的概念，在这些造型之下有诸多衍生性的造型，如圆唇就有近圆唇、尖圆唇、圆唇外撇、圆唇近侈、厚圆唇、圆唇外卷、唇向上折、方圆唇等。当然这些造型看起来比较复杂，判断主要靠视觉。其他的唇部造型也是这样。正是如此丰富的唇部衍生造型，造就了蔚为壮观的钧瓷唇部造型群。鉴定时应注意体会。

▲图 5—13　厚唇钧瓷标本　宋代

▲图 5—14　尖圆唇钧瓷碗　宋代

数量

中国古代钧瓷繁缛的唇部造型在数量上并不是均衡的，而是参差不齐，如，尖圆唇的数量就比较多，而圆唇外撇的造型就比较少见，像这样的例子还有很多，过多不再赘述，总之不同唇部造型有其不同的数量特征（图5-15）。在器物造型上，主要以钧瓷碗为主，在钧瓷碗上各种唇部造型相互竞技，缤纷呈现，原因很简单，就是因为碗的数量多，所以相对来讲各种唇部造型也较为丰富；再如钧瓷罐的造型基本上多是以厚唇和圆唇为显著特征，薄唇和尖唇的情况基本不涉及。由此可见，不同器皿之上唇部造型具有差异性。鉴定时应注意分辨。

▲图 5—15　尖圆唇钧瓷标本　宋代

▲图 5—16　圆唇月白釉钧瓷罐　元代

形制

钧瓷唇部在形制上特征以简洁为主（图5-16），复杂的情况很少见，多数唇部造型显得非常直观，圆唇、方唇、厚唇、薄唇等一眼就能够看得出来，不用进行过多的分析和思考，模糊不定的情况也很少。在形制上究竟在实用的同时突显美的元素，如尖圆唇的形制略显复杂，尖唇的造型使人看起来挺拔俊秀，圆造的造型看起来自然浑厚，二者完美地结合在一起便是一种美。从诸多证据来看，中国古代钧瓷唇部形制已十分成熟，出神入化，向固定化、完美化的方向发展。鉴定时应注意分辨。

器形

中国古代钧瓷的器物造型十分丰富，涉及多数钧瓷器皿，常见的有碗、洗、盘、碟、执壶、钵、瓶、盆等（图5-17）。如圆唇主要用于碗、钵、洗等器皿，方唇的造型主要在以花盆、碗、瓶等器皿常见；尖圆唇以钧瓷碗、盘数量最为庞大；卷唇以瓷壶、瓶、执壶等器皿为常见；总之不同的器皿在钧瓷唇部造型的选择上有差别。鉴定时应注意分辨。

▲图 5—17　尖圆唇钧瓷碟　宋代

功能

钧瓷唇部在功能上有细微的不同之处，如圆唇主要给人们视觉上的稳定感和实际使用当中的舒适感（图 5-18），如钧瓷圆唇的碗就是这样，人们在就餐使用时圆唇明显具有口接触时的舒适度；尖圆唇的造型更是这样，在体现挺拔俊秀外表的同时也极力维护着实用的功能。由此可见，钧瓷不同唇部造型的功能，显然是为了实现实用与装饰性地结合在来回博弈，在不断博弈当中取得进步。鉴定时应注意分辨。

▲图 5—18　尖圆唇钧瓷洗　当代仿宋

第三节 沿部

种类

钧瓷沿部种类十分丰富，常见的主要有平沿（图 5–19）、鼓沿、翻沿、折沿、敞沿、厚沿、薄沿、卷沿、敛沿、花口沿、撇沿等，这些沿部特征与同时期的其他色釉瓷器基本相似，没有过于复杂化的特征，但在出现的频率上多不一致，颠覆了传统，比如说钧瓷在沿部造型上花口、不规则者增多，花口的沿部造型表现力很强，造型幅度比较大，有的时候整个看起来就像是一朵盛开的莲花，或是曲卷着的荷叶，美不胜收，不过总的来看钧瓷沿部没有过于垄断性的造型。鉴定时应注意分辨。从厚薄上看，钧瓷唇部主要以厚沿为显著特征，薄沿的造型很少见。钧瓷沿部衍生性较强，如微卷沿、卷沿较甚都属于这种情况，众多的衍生造型组成了无比丰富的钧瓷沿部种类。鉴定时应注意分辨。

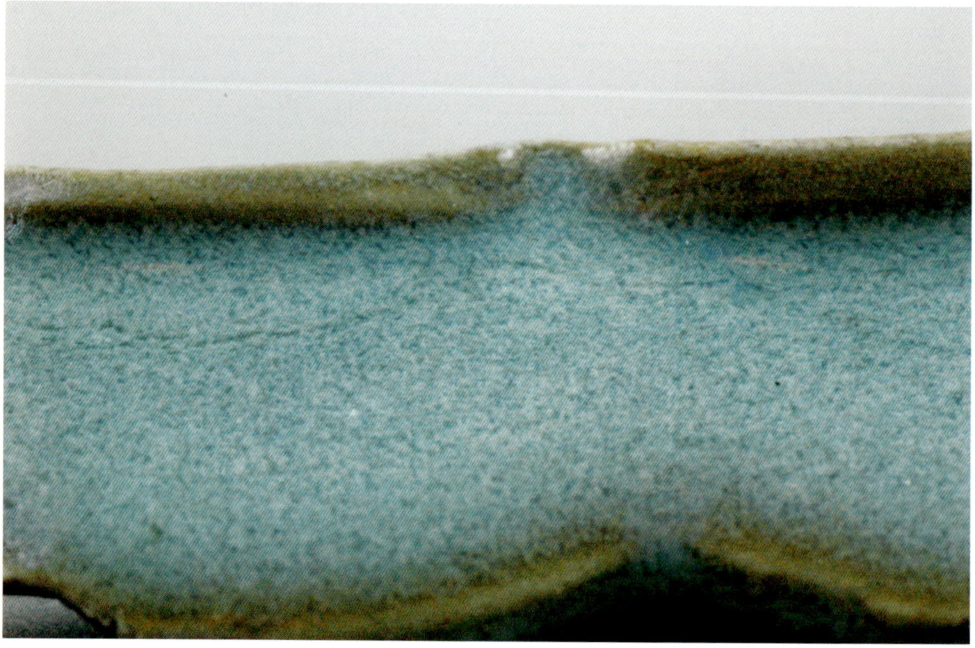

▲图 5—19　平沿钧瓷标本　宋代

数量

中国古代钧瓷沿部在数量特征上比较简单，在造型上，基本上没有一枝独秀的现象，如平沿、折沿、敞沿、卷沿、花口沿等在数量上都处于较为均衡的状态，这说明钧瓷已进入一个沿部造型多极化的时代（图 5-20），一改过去像白瓷那样以平沿和折沿为显著特征的情况。由此可见，钧瓷的确是一种艺术，钧瓷试图实现的是一种的大众化的艺术。鉴定时应注意分辨。

▲图 5—20　厚沿钧红釉香炉　当代仿宋

形制

钧瓷在沿部形制上特征明确，以简洁为主，相当直观，如花口沿的造型看起来就很直观，人们很容易看到是花口的形制，像唐宋时期白瓷、青瓷那样的五瓣花口沿的造型已经很少见了，取而代之的是一些花形幅度比较大的造型；厚沿的造型也是非常直观，一看就是厚沿的造型（图 5-21）；由此可见，钧瓷沿部形制完全是一场视觉盛宴，以视觉为判断标准。鉴定时应注意分辨。

▲图 5—21　实用与装饰兼具的厚唇钧瓷标本　宋代

器形

钩瓷中不同的沿部在器形造型的选择上各异，由于钧瓷是人们日常生活当中的生活用具，所以沿部对造型的选择也是非常复杂，如钧瓷香炉积聚了三种沿部造型：宽沿、平沿、折沿，这三种造型融合在一起构筑了钧瓷香炉的宽折平沿（图 5-22）；盆多选择平折沿的造型；执壶主要以卷沿为显著特征。由此可见，钧瓷在器物造型上特征较为复杂，不同的器物造型对于一些特定沿部造型有相当的偏爱。鉴定时应注意分辨。

▲图 5—22　平折沿钧瓷洗　当代仿宋

功能

钧瓷造型在功能上比较明确，不同的沿部造型在功能上有所区别，如，钧瓷花口沿在造型上注重吸引人们的眼球，同时具有很强的实用功能。由此可见，钧瓷花口沿在功能上只不过是以装饰为先导，其本质功能上的特征还是以实用和装饰的结合为显著特征。其实不仅仅是花口沿有这样的功能，其他如折沿（图 5-23）、平沿、宽沿、窄沿、卷沿、平折沿等诸多造型在功能上都有这一特征。这一点我们在鉴定时要注意分辨。通常情况下钧瓷器皿沿部除了少数陈设装饰器皿以外，在功能上主要还是以实用为先导。如在宋元时期钧瓷使用量最大碗、盘等都是这样。更多的例子就不再过多赘述。

▲图 5—23　折沿钧瓷碟　宋代

第四节 腹部

种类

钧瓷腹部种类繁多，可以说是集前代瓷器腹部之大成，常见的腹部种类主要有鼓腹、折腹、弧腹（图 5-24）、浅腹、深腹、敞腹、球形腹、斜腹、花形腹、棱形腹、直腹等，但着显然不是钧瓷腹部的全部，这些腹部造型都是最基本的造型，在这些造型之下还会衍生出众多的枝节性的造型，如鼓腹的造型常见到的就有微鼓腹、近鼓腹、扁鼓腹、小鼓腹、大鼓腹、弧鼓腹、瓜棱鼓腹、圆鼓腹、不规则的鼓腹；斜腹会衍生出斜直腹、斜弧腹、45 度角弧腹等诸多造型；总之，每一种不同的腹部造型都会有很强的衍生性，这样就造就出了数以百计的规模庞大的钧瓷造型群。由此可见，其繁缛程度何其之重。从形制上看，各种腹部造型具有一定的交叉性，像直腹的造型和斜腹就常出现交叉造型，如斜直腹的造型就十分常见（图 5-25）；像这样的例子很多，在这里我们就不再赘述。

▲图 5—24　荷叶形沿部钧瓷罐　元代

▲图 5—25　斜直腹钧瓷标本　宋代

数量

▲图 5—26　弧腹钧瓷标本　宋代

钧瓷各种腹部造型的数量特征较为显著，但情况很复杂，一般情况下腹部的造型主要包括三部分，一是基本造型。二是衍生造型；三是交叉造型。如鼓腹的造型就是基本造型，而近鼓腹显然就是衍生造型，弧鼓腹则是交叉造型；从总量上看无疑鼓腹的造型最为丰富（图 5-26），其次是深腹、浅腹、弧腹等，而像球形腹的腹部造型在数量上比较少见。原因很简单，体腹在造型上衍生性和交叉造型上基本不见，这是由其造型本身的特点所决定的，它是一个特指的造型，一旦出现也就不能称之为球形腹了。这些因素我们在进行数量鉴定时要注意分辨。

形制

钧瓷腹部在形制上具有一些复杂化的趋势，一是造型比较多；二是造型差异性大。但从具体形状上看，钧瓷在腹部造型上较为直观，无论是鼓、弧、斜、直、折、深、浅腹等，在造型上都比较直接，在视觉上完全可以判断出来。由此可见，钧瓷腹部造型虽然是一个复杂的体系，但在形制上却是以简洁为主要特征，而且这一特征具有相当的稳定性（图 5-27）。从时代上看，宋、金、元等各个历史时期基本相当，没有明显的规律性的特征。没有过于复杂化的特征。

▲图 5—27　鼓腹钧瓷碗（三维复原图）　宋代

器形

钩瓷腹部在器形上的特征主要涉及不同腹部造型出现的概率的不同，钧瓷碗的腹部造型非常多，鼓腹及其衍生造型都有见，弧腹、斜腹、深腹、浅腹等亦如此，可见钧瓷碗所能选择的腹部造型众多（图 5-28），但碗对腹部造型的选择绝不是全部囊括，还有很多的腹部造型出现的概率很低，如直腹的造型，还有许多异形腹的造型等出现的可能性不大；盘和碟也是这样。钧瓷瓶的造型浅腹显然是不会出现的，因为这是由瓶的基本造型和传统所决定的。例子不再过多赘述，鉴定时我们要注意分辨。由于钧瓷所盛行的宋元时期时代相距较近，器物造型变化不大，元代在诸多造型上主要仿宋，所以朝代更迭对于钧瓷的腹部特征影响不大。鉴定时应注意分辨。

▲图 5—28　弧腹钧瓷碗　宋代

功能

钧瓷腹部在功能上特征鲜明，以实用和装饰的结合为显著特征，但在实用与装饰谁为先导的问题上常常是相互交叉，显著特征是有的时候以实用为先导，有的时候则是以装饰为先导，这一点显而易见，如钧瓷碗腹部造型在功能上，各种腹部造型基本都是以实用为先导，如鼓腹和弧腹的造型很明显就这样，只有很少数的腹部造型不是这样，如球形腹，只要鼓腹达到一定的程度才可以形成球形腹，造型难度很大，而之所以制作出难度如此之大的腹部造型，目的显然不仅仅是为了实用，而是为了以装饰为先导，为了使人们一看到这样的造型就精神为之一振，眼睛为之一亮，这一点显然是没有疑问的。没有近球形腹这一说，所以球形腹在造型很少有回旋的余地。其他的腹部特征在这一点上与鼓腹及其衍生性造型的特征基本是相似的，过多的例子不再赘述，鉴定时应注意分辨（图 5–29）。另外钧瓷的功能还在于它的文化内涵，如钧瓷在腹部造型上如此的费心费力，目的显然不仅仅是为了实用，如果是为了实用没有必要设计出如此众多的腹部造型，而是为了艺术，一种大众化的艺术，使人们在餐桌上实用的同时能够欣赏到精美绝伦的艺术，这应该是钧瓷腹部最高的思想境界，而这种境界一直作为一种传统而被保留下来，几乎贯穿于钧瓷始终。鉴定时要注意分辨。

▲图 5—29 装饰性较强鼓腹钧瓷荷叶罐 元代

第五节 底部

种类

钧瓷在种类特征上比较单一，以平底为主（图5–30），圜底等其他的种类有见；从具体造型上看，还可以分为圆底、椭圆底、圜底和一些不规则的底部特征等，由此可见，钧瓷主要是以平底为主。近乎单一的底部造型，显然与钧瓷在历史上主要为人们的日常生活用具有关，大量的都是一些盛器，如钧瓷碗的数量可能就要占到整个钧瓷的一半以上。鉴定时应注意分辨。

▲图5—30　装饰性较强平底钧瓷碟 宋代

形制

钧瓷底部在形制上有复杂之处，虽然看上去是平底的造型，但具有很强的衍生性，如大平底、小平底（图 5-31）、平底内凹、平底微凸等底部造型都有见，不过这些造型多比较直观，平衍就是水平，小平底也比较明显，如一些钧瓷大碗的口径特别大，底径却比较小，形成了鲜明的反差。平底微凹的不如向上凸者多，平底下凹的程度十分轻微；而凸起的情况比较常见，多为微凸，但也有较大的凸起，在平底的中部向上突起，人们俗称为“乳突”。鉴定时注意分辨。

▲图 5—31　平底类汝似钧釉瓷碟　当代仿宋

器形

钧瓷不同底部造型出现的频率不同，如钧瓷碟的底部基本上都是平底（图 5-32），平衍的情况比较多，内凹和凸起的情况都有见，只不过不是太明显而已，但形成乳突的情况少见。再如钧瓷花盆，多以大平底为显著特征，小平底的情况基本不见；钧瓷炉的造型多以圜形底为常见，平底的造型也有，但数量并不占主流；钧瓷碗在对底部造型的选择上相当丰富，可以说除了圜底以外，各种底部造型及衍生性造型都有，当然这显然与钧瓷碗的主要为餐具的功能有关。由上可见，不同的钧瓷底部造型主要涉及的器物造型不同，在出现的频率上以参差不齐为显著特征。鉴定时应注意分辨。

▲图 5—32　平底内凹钧瓷洗　当代仿宋

功能

钧瓷底部功能特征十分明确，以实用和装饰的结合为显著特征，但一般情况下以实用为先导,因为无论是平底还是圜底的造型显然是以稳定和实用为显著特征，同时平底的造型也有一定的装饰性，如钧瓷碗的底部的凸起，常常是在平底的中部起，很有规律，而且像是乳房一样突起，人们称为“乳突”，目的显然是要达到一些情趣和装饰性的效果（图 5-33）；还有如小平底的造型也比较典型，多数是为大弧腹的钧瓷碗，而足部很小，这显然是在造型上兼顾钧瓷最重要的两个特征，一是实用、二是装饰。鉴定时要注意分辨。

▲图 5—33　平底施釉钧瓷标本　宋代

第六节 足部

种类

钩瓷足部造型比较复杂，常见的有圈足、花座足、脊背形足、尖状足、乳足、支足、卧足、饼足、喇叭形圈足等造型，可见其足部种类比较繁多，但这绝不是足部造型的全部，钧瓷足部造型一般都具有较强的衍生性，可以衍生出相当数量的足部造型特征（图 5-34），如圈足造型就可以衍生出暗圈足、薄圈足、不规则形圈足、方圈足、敛圈足、小圈足、斜直圈足、窄圈足、环状圈足、假圈足、宽圈足、花形圈足等；支足可以衍生出三支足四支足、瑞兽足、龙形足等。当然，并不是只有圈足和支足才能衍生出不同种类的的足部造型，几乎所有的造型都可以衍生，只不过是数量多少的问题。正是如此众多的钧瓷足部衍生造型组成了蔚为壮观钧瓷器足部种类群，犹如群星璀璨。

▲图 5—34　圈足钧瓷碗　元代

数量

钧瓷各种造型中圈足的规模最大（图 5-35），这一点很清楚，从众多博物馆的藏品中可以看到。如果说有 10 件钧瓷器皿，可能有 9 件都是圈足，从墓葬和遗址出土的情况看也基本是这样。在一些窑址内出土的钧瓷标本，圈足器皿可达到数千件之多，这样看来圈足及其衍生造型显然是钧瓷在数量上的主流。而其他足部造型，如饼足、乳足、兽足、蹄形足、喇叭形底足也有一定的量，但这个总量相当少，而且由这数种足部造型和衍生造型来分配。从时代上看也是这样，宋、金、元等历史时期在数量上的区别显然不大。

▲图 5—35　圈足钧瓷碗　宋代

形制

钧瓷各种足部造型以简洁明快为显著特征（图 5-36），造型为纯装饰而复杂的情况不多，矫揉造作之器数量更是少见。判断钧瓷造型的标准主要是视觉，非常直观。如圈足的造型一看就是圈足，衍生造型也是这样，宽圈足壁较厚，窄圈足壁较狭，喇叭形圈足就像是喇叭一样，不需要我们思考就能够判别其形制特征。这与其民间窑场的性质是分不开的，因为钧瓷作为一个民间窑场，它的造型必须简洁，必须实用，必须朴实无华，这样才能节约成本，以极低的价格通销天下。这一点显然是我们在鉴定时需要特别注意到的。

▲图 5—36　造型直观圈足钧瓷标本　宋代

器形

钧瓷不同足部造型会选择相应的器形(图5-37),这是一定的,但现实情况又是复杂的,如钧瓷碗可选择的足部造型就比较多,常见的如各种各样的圈足,以及饼足、喇叭形足等,而有一些器物造型所能选择的足部造型就是很少,如钧瓷香炉的足部造型多数三支足,其他足部造型基本上没办法选择,因为造型与功能,再加之传统显然决定了其足部造型的可选择性。这两个例子其实并不典型,其他诸多足部造型在器物造型的选择上都是这样,鉴定时我们要注意分辨。在时代和窑口上基本都是这样,显然各个时代和钧瓷系各窑场在这一点上并没有过于规律性的特征。鉴定时我们要注意分辨。

▲图 5—37　圈足钧瓷碗　元代

▲图 5—38　实用与装饰结合紧密的圈足钧瓷碗　元代

功能

钧瓷足部功能十分明确,从宏观上看多体现实用与装饰性的结合,几乎大部分钧瓷在足部造型的设计上都倾向于实用的需要,但钧瓷所追求的毕竟是一种大众化的艺术(图5-38),所有的钧瓷可以说都是精美绝伦的艺术品,只有个别的钧瓷足部造型以装饰为先导,如一些钧瓷炉的造型,足部可能是三个乳状足,看起来相当漂亮,鉴定时应注意分辨。

第六章 价值判断及收藏保养

背景信息： 宋代五大名窑之一的钧瓷是中国古代瓷器史上的一个奇迹，魔幻般的色彩犹如梦境，穿越时空，具有较高的收藏价值。历经千年之久的钧瓷具有重要的研究、艺术、经济等三大价值，且互为支撑，密不可分。鉴定时应注意体会。

鉴定要点：

研究价值

中国古代钧瓷无疑都具有较高的研究价值，蕴涵着不同时期大量的历史信息（图 6-1），使我们通过钧瓷可以了解到已经逝去岁月的点点滴滴，以及钧瓷自身烧造工艺等诸多信息，通过揭示这些信息可以复原人类历史，这必将对人类文明是

▲图 6—1　天蓝釉钧瓷碗（三维复原图）　宋代

一种巨大的促进。钧瓷以釉质取胜，产生了天青、天蓝、月白、灰青、淡青、梅子青、青色泛蓝、玫瑰紫（图6-2）、海棠红、柿红釉、暗红釉、胭脂红釉、葡萄紫等诸多不同种类的衍生色彩，从而帮助人们断定钧瓷时代、辨别真伪、判定价值。另外，钧瓷所创造的众多人工色彩，对于我们今天的人们依然有很多借鉴作用（图6-3）；钧瓷器的造型隽永，雕刻凝炼，必将促进人们对于古代造型艺术的认知程度，总之，钧瓷的研究对于诸多学科都有直接的价值，如历史学、考古学、文物学、人类学、博物馆学、物理学、材料学等。

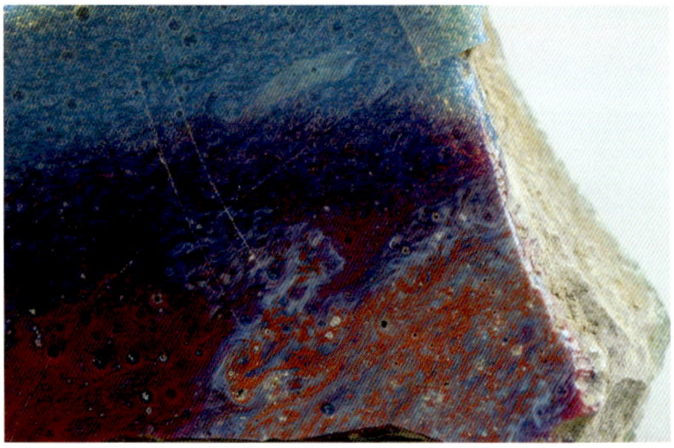

▲图6—2　玫瑰紫釉钧瓷标本　宋代

▲图6—3　月白釉钧瓷碗　宋代

艺术价值

钧瓷艺术举世公认，精美绝伦，举世无双，是瓷器历史上的一朵奇葩。钧瓷最先呈现在人们面前的就是它的造型艺术，钧瓷造型隽永，简洁实用，讲究简约之美。如，钧瓷花口碗，像花一样的口部，弧腹内收直至平底，这样花口碗唐宋时代十分流行，显然是实用与装饰完美地融合在一起。再如荷叶形罐，人们通过荷叶形的造型，立刻会联想到荷塘月色的美妙，风吹荷叶，泛起涟漪，郁郁葱葱，生机勃勃，意趣盎然。总之，精致的钧瓷造型各个时代都有，这些不同时代的器物造型总能紧抓时代的脉搏，蕴涵着同时期无限的艺术元素，给予我们现代人以无限的艺术影响力。钧瓷釉色是数以万计，而这些色彩对于我们现代社会具有重要的价值，它可以启迪艺术灵感（图 6-4），使我们沿着已经尝试过的人工色彩而继续前行，而不必进行重复。总之，无论从哪一个方面来看，钧瓷都具有极高的艺术价值，每一件都是精美绝伦的艺术珍品。

▲图 6-4　天蓝釉钧瓷碗　宋代

经济价值

钧瓷的经济价值来源于自身研究价值和艺术价值的支撑，通常情况下研究价值和艺术价值都高的钧瓷经济价值自然也高，反之经济价值必然也差（图 6-5）。实际上钧瓷经济价值还有受到多种因素的影响，我们来具体看一下：

▲图 6—5　钧瓷碗　宋代

1、品相。中国古代钧瓷在品相上具有鲜明的特征，上佳者、普通和品相差者都有，品相佳者在数量上非常之少，如果与整个钧瓷总量相比几乎可以忽略不计。普通者数量最多，占据钧瓷总量的相当部分（图 6-6）。品相差的钧瓷在数量相当丰富，但钧瓷所谓的品相差显然不是指钧瓷本身，大多是由于残缺而造成的品相问题，鉴定时应注意分辨。但不论是那种情况，已经造成品相问题的钧瓷在经济价值上必然受到影响，这一点显而易见，品相差的钧瓷基本上很少上拍卖市场，经济价值比较低。而品相佳者则具有较高的经济价值，不过数量太少了，拍卖市场也很少见到。目前市场的主流显然是普通和残缺的钧瓷，这些瓷器在拍卖市场上经常有见，价格适中，应该具有很高的保值功能，和升值空间（图 6-7）。鉴定时应注意分辨。

▲图 6—6　品相较好钧瓷碗　宋代

2、稀缺性。“物以稀为贵”是文物价值的基本规律，特别是对于经济价值而言更是这样，就如同价格的杠杆，越是稀缺的钧瓷价值越高，反之越低。例如钧瓷中有钧红者，由于相对来讲稀少，那么其经济价值就高一些(图6-8)；再如宫廷用瓷，由于具有官窑性质，其数量少到了极点，所以这类瓷器的价值最高，甚至可以说是无价之宝，不是用金钱可以衡量的。

3、精致程度。钧瓷由于距离现在时代较远，在漫长的历史长河中所留下的精品瓷器数量非常少（图6-9），当然这也与钧瓷本身是一个商业性的民窑，其产品主要是普通瓷器有关，精致的瓷器数量很少，能够留存到今天的更少。留存到今天的钧瓷主要为墓葬当中随葬的器皿，但下葬使用的器皿多是一些普通的器皿，真正精致者不多，因此造成了流传到今天的钧窑瓷器在精品奇缺的状况，所以一般情况下只要是精致瓷器，经济价值都很高，而且具有相当大的升值潜力。而普通瓷器和粗糙的钧瓷的经济价值则是逐渐降低。这一点我们在鉴定时要注意分辨。

▲图 6—7　钧红釉瓷瓷标本　宋代

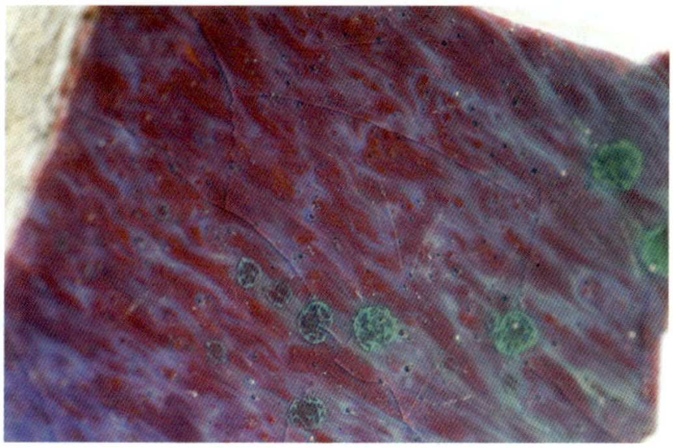
▲图 6—8　海棠红钧瓷标本　宋代

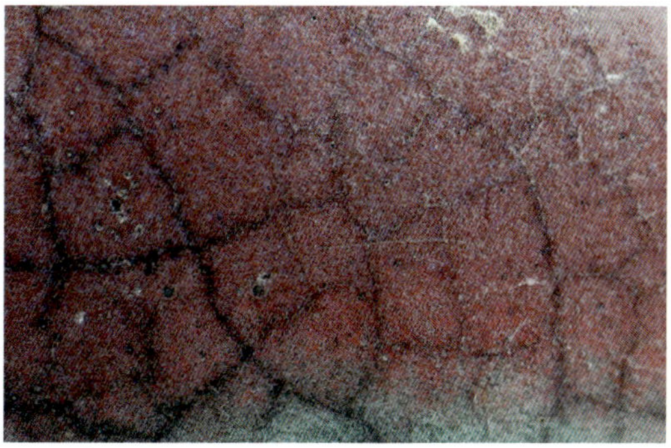
▲图 6—9　钧红开片釉钧瓷标本　宋代

4、有残器。有残缺的器皿在钧瓷当中数量众多(图6-10)，可以说是占据钧瓷器总量的绝大多数，钧瓷有残器依然存在研究和艺术价值，自然也有经济价值。但区别较大。一般判断的标准主要有两点，一是看是否为精致瓷器、二是看其残缺的程度。从第一种情况来看，钧瓷精致者即使碎成了残片，依然是具有很高研究和艺术价值，原因很简单，一则是精致瓷数量少；二则是客观上研究艺术价值是许多人所追求的，就像人们常说的那样，“纵有家财万贯，不如钧瓷一片”。从第二点来看，残缺的程度是影响其经济价值的主要因素，如一个瓷碗如果仅仅是有口磕，或者足磕，那么经济价值可能会受到影响，但不会有太大的影响；但如果是的磕碰得仅剩下一个片状的器皿（图6-11），其经济价值则也会随着其残缺部分的扩大而消失殆尽。鉴定时我们要注意分辨。

▲图6—10　精致钧红釉瓷器标本　宋代

▲图6—11　有残天蓝釉钧瓷标本　宋代

收藏保养

历经千年的钧瓷，无论以哪一种方式流传到现在，都已经是十分脆弱，不堪再受伤害，这是我们对待文物的态度；千万要杜绝一种思想，那就是一味地认为，钧瓷具有胎厚、釉厚、烧造温度高、不吸水、釉面已完全烧结等特点，所以认为钧瓷最好保养，将其扔到水中随意冲洗，在没有预案的情况下随意触动和把玩钧瓷，这样很容易对钧瓷造成伤害。因为钧瓷致命的弱点就是易碎，一旦受到超出它承受的外力，顷刻间一件价值连城的钧瓷立刻碎掉，不再具有保价和升值的功能（图6-12）。为了更好地对钧瓷进行保养，本书总结了几点小常识，我们来看一下：

▲图 6-12　品相较好钧红瓷盘　宋代

1、防止磕碰。一般情况下磕碰是钧瓷最为致命的保养问题，因为这样的例子太多，通常磕碰都不是很严重，多是一些轻微的口磕和足磕，特别是足部遭到磕碰的情况很常见，这些显然是由于钧瓷较重，人们在把玩时不经意间留下的，所以通常情况下把玩和欣赏时，一是要做好预先的方案；二是要轻拿轻放；三是要在桌子上铺上软垫，防止有足磕的出现。当然防止磕碰的方法还有相当多，由于本书篇幅有限，不再一一赘述。但以上三点是要做到的。

2、忌随意触摸。人们对于钧瓷的态度一般都是慎重的，但由于私人藏品，所以把玩、触摸、甚至是搬动都是比较常见的事情，这其实对于文物来讲是大忌，特别是在没有做好预案的情况，随意的搬动是对藏品极不负责的行为（图 6-13）。因为钧瓷很有可能不慎发生事故，当然最好的方法是减少搬动的次数，举一个例子，就是在博物馆库房中的藏品，有的钧瓷几年，甚至十几年没有移动过，而且这种情况很普遍。鉴定时应注意分辨。

另外，还有很多关于收藏保养的知识，如清洗器皿时要使用纯净水，不要使用机械强行剔除土蚀；保存温度一般不要超过 45 度，相对湿度多应控制在 50% 左右等。总之对于穿越千年时光来到今天的钧瓷要精心保护，不使它们受到伤害。

▲图 6—13　天蓝釉钧瓷盘　宋代

下篇

青白与酱
褐釉瓷

第一章 综述

数量

酱、褐、青白釉瓷器是中国古代最主要的日用瓷(图1-1),墓葬和遗址内都有见，从件数特征上看，墓葬出土多以1到2件为主，偶有见数十件的情况，但过多者很少见，遗址出土以窑址和城址内为主，窑址出土数量众多，数百上千的情况都有，尤以青白瓷的数量众多；城址内酱、褐、青白釉瓷器也是密集出土，与青瓷、钧瓷、黑瓷等诸多瓷器品种交错出土，但在数量上显然比青、黑、白、钧等要逊色，由此

▲图1-1　褐釉瓷盒　宋代

可见，酱、褐、青白釉瓷器在总量上可谓规模庞大。从窑口上看，青白釉的窑口特征十分明晰，以景德镇窑为显著特征，并形成了巨大的窑系，产量巨大；但是褐釉和酱釉在窑口上并没有特定的窑口烧制，大多数老百姓使用的是成千上万的小窑场，这可能与褐釉和酱釉瓷器过于普通的缘故有关（图1-2），由此可见，各个窑场都进行搭烧，但没有像定窑白瓷那样以白瓷烧造为主的窑场，各窑场烧造的瓷器虽然不多，但总量较大，鉴定时应注意分辨。从时代上看，酱、褐、青白釉瓷器具有鲜明的时代特征，酱、褐釉瓷器在六朝时期就有见，但数量很少，在色彩上也并不纯正，实际上直至隋代墓葬和遗址当中都很少见到酱、褐釉瓷器的身影；直至唐代，酱、褐釉的瓷器才逐渐多起来，在一些墓葬和遗址当中时常有见。我们来看那一则河南洛阳市瀍河东岸唐代窑址发掘的实例，“褐釉碟Ⅱ式：敞口微敛，圆唇，

▲图 1-2 酱釉小口壶 金代

大平底，器底增厚。Y4 ： 5，器内表满施褐釉。口径 8. 八、底径 5、高 3.6 厘米”。但从数量上看一般情况下也都是 1 到 2 件，过多的情况很少，明清时期亦有见，鉴定时应注意分辨；青白釉瓷器的时代特征比较明确，以宋代为显著特征（图 1–3），由著名的景德镇窑主烧，数量非常之多，持续至元代，青花瓷兴起之后逐渐衰落。总之，酱、褐、青白釉瓷器在总量上比较大，是中国古代人们最重要的日用瓷。

▲图 1-3 精美绝伦斗笠形青白瓷盏 宋代

品相

酱、褐、青白釉瓷器由于距离今天较为久远，中国古代酱、褐、青白釉瓷器在品相上参差不齐（图1–4），遗存到今天的酱、褐、青白釉瓷器既有完好无损、精美绝伦之器，更有残缺不全、损失严重者，但无论怎样，当这些酱、褐、青白釉瓷器历经风雨浮尘，今日呈现在我们面前的时候，真的是太不容易了，它所经历的磨难比官窑瓷器要多得多，因为它们都是实用器，要经历生活中的磕磕碰碰，因此客观地讲完好无损的酱、褐、青白釉瓷器数量并不多。从数量上看，精致瓷器多以墓葬出土为主，许多墓葬的器皿实际上也是当时的实用器，由于民窑的性质，这些器皿在当时也不贵，通常下葬使用的瓷器都是未使用过的器皿（图1–5），而且较为考究，只有少数随葬的器皿看起来比较旧。多数完整器皿都是来源于墓葬的发掘。品相有问题的器皿，多数出土于遗址和窑址，残缺的器皿在数量上要远大于完好无损者；城址内出土酱、褐、青白釉瓷器不乏精致者，大多残缺严重，绝大多数已是残片。看来遗留到今天的酱、褐、青白釉瓷器虽多，品相优的完整器却很少、精品更少；从均衡性上看，酱、褐、青白釉瓷器在品相上不具有均衡性特征，酱、褐釉为一极，青白釉为独立一极，表现为品相优的精致瓷器酱、褐釉很少见，而以青白瓷为主，宋代景德镇窑生产的精致青白瓷，胎体匀薄，造型隽永，花卉纹饰繁缛（图1–6），达到了较高的艺术水平。从收

▲图 1–4　品相较好褐釉瓶　宋代

▲图 1-5　品相较优褐釉瓷盒　宋代

藏的角度来看，由于历史上酱、褐、青白釉瓷器是人们日常生活当中的用具，遗留下来的也很多，但品相好的精品很少，所以对于酱、褐、青白釉瓷器的收藏要以品相好的精品为主，这些精品力作保值和升值的潜力都非常大，但普通、甚至是粗糙的酱、褐、青白釉瓷器，也有收藏价值，但一定要选择品相完好者，因为民窑用器品相完好者的数量也不是很多，符合“物以稀为贵”的价值规律。而残缺的器皿，价值大打折扣，多数所具有的是研究和艺术上的价值。

▲图 1-6　景德镇窑花卉文繁缛青白瓷盏　宋代

胎色

酱、褐、青白釉瓷器在胎体色彩上异常复杂，常见的胎色就有白胎、灰白胎、橙色胎、褐胎、黄胎、红胎、米黄胎、灰胎等（图 1-7），可见其胎色种类繁多，这些酱、褐、青白釉瓷器胎色在鉴定上具有重要的作用，从其胎色直接可以反映出酱、褐、青白釉瓷器品质的优劣。如青白瓷质优者基本上以白胎和灰白胎为主，其他胎色在质量上多有下降，酱褐釉在这一点上虽然不是很明晰，有各种各样的胎色，但通过观察白胎和灰白胎的酱、褐釉色瓷器在胎体上多数较为精细。由此可见，酱、褐、青白釉瓷器的胎色主要应该是由白胎和其他色彩组成的两大体系，青白瓷以白胎为显著特征，而对酱、褐釉瓷器则表现出多样化。不同时代酱、褐、青白釉瓷器在胎色上表现基本相同，如宋元时期区别显然不大。虽然在当时有诸多的窑场在烧造酱、褐、青白釉瓷器，但在胎色上基本相似，没有过于规律性的

▲图 1-7　白胎花卉纹青白瓷标本　元代

特征（图1-8），这与酱、褐釉瓷器多数为深度民窑器皿有关，民窑的性质决定了其胎色的多样化，只有少量明清官窑烧造的酱褐釉瓷器在胎体色彩上较为一致，但数量少得几乎可以忽略不计。青白瓷特点在景德镇窑系一统天下的局面下，在胎色上十分相似。这些特点在客观上已经成为重要的鉴定要点（图1-9），可以用来判定酱、褐、青白釉瓷器的时代、真伪、价值。而在本书中将专门使用一个小节来对酱、褐、青白釉瓷器的胎色特征进行阐述，以帮助读者打开胎色鉴定的法门。

▲图1-8　橙黄胎酱釉瓷盒　金代

▲图1-9　洁白胎体青白瓷标本　元代

釉色

酱、褐、青白釉瓷器的色彩是一个复杂的集合体，它并不是像它名字那样的单纯，酱、褐、青白釉瓷器只是釉色的总称，酱釉常见的色彩就有酱釉、酱褐、酱黑、酱黄色等，我们来看一些：实例，武川县上南滩遗址发掘的“金代瓷碗，T23:7 酱黄釉瓷碗”，褐釉常见有褐色、褐黄色等；重庆云阳乔家院子遗址唐宋时期遗存出土的“唐代瓷壶，T3307(5)b:13 肩部釉色呈褐、黄两色”（西北大学考古队《》,《江汉考古》2002 年第 3 期），青白釉常见有青白、青白泛灰、青白泛黄、青白泛绿、青白釉偏青、青白泛青等；景德镇湖田窑 H 区附属主干道发掘的“宋代瓷盘，青白泛绿釉”。由此可见，酱、褐、青白釉瓷器在釉色上十分复杂（图 1–10），除了较为纯正的酱、褐、青白色外，还有不同程度的衍生色彩，而且以上所列举只是常见的，在实践中各种各样的偏色都有，究其原因与其民间窑场的性质是分不开的。当然，无论哪一种偏色或者是泛色，显然都是在酱、褐、青白釉瓷器的主色调派生的，这一点是显而易见的。由此可见其釉质色彩的繁复。正是这些繁复的色彩为我们提供了众多的鉴定依据。当然这些酱、褐、青白釉瓷器色彩不仅衍生色彩丰富，而且在不同时代、不同窑口内的表现也不甚相同，具有相当程度的复杂性。但一般情况下精致的酱、褐、青白釉瓷器多数在色彩上比较纯正（图 1–11），如，青白釉指的是就是釉色介于青白二色之间，青中泛白、白中透青的一种釉色，这种色彩虽然是一种极端的复色，但青白二色已经完美地融合在了一起，十分稳定，完全以一种独立的色彩类型呈现在人们面前，我们既看不到青色也看不到白色，所看到的就是一种青白色调。

▲图 1–10　酱釉束腰枕　宋代

▲图 1-11　青白釉色支足　宋代

而且有些釉色显然已经成为某些窑口的象征，如青白瓷显然是景德镇窑的象征等。本书将从多个方面来揭示酱、褐、青白釉瓷器釉色（图 1-12），并设计了大量图文的互动，进行了详细的论述，希望能够使读者游刃有余地进行对比鉴定。

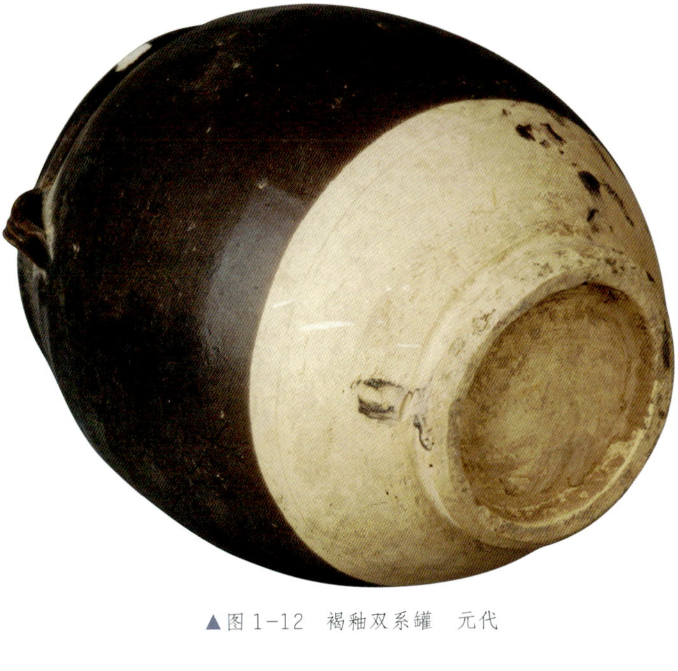

▲图 1-12　褐釉双系罐　元代

窑口

酱、褐、青白釉瓷器在窑口上具有鲜明的特征，虽然六朝时期就有酱、褐釉的瓷器，或者说酱、褐釉色彩元素的瓷器，但是显然没有形成专有烧造的窑口，而且直至明清都是这样，这一点与其深度民间用瓷的性质有着密切的关系，因为根据观察，酱、褐釉瓷器在民间多是一些较为普通的日用瓷，而且在家庭用瓷和市井酒肆用瓷中也属于比较低档的产品，这造就了各个窑场既随意搭烧，又没有专有窑场烧造的格局，鉴定时应注意分辨。景德镇窑宋元时期青白瓷的烧造十分鼎盛（图 1–13），几乎成为高超制瓷技术的象征之一，景德镇窑对于青白瓷的烧造显然可以分化为两极，主要是以精致程度为区分，即精致和普通两种青白瓷，但从数量上看精致青白瓷的数量相对于普通青白瓷数量要少得多。形成了鲜明的对比，再次昭示出景德镇窑高超的制瓷技术，以及在制瓷技术上的储备，就是说景德镇窑完全可以烧制出任何高难度的瓷器，但从少量的精致青白瓷来看显然没有能够达到官窑瓷器那样的不计工本（图 1–14），以高超工艺水平取胜，这与宋元时期民间窑场的性质有关，鉴定时应注意分辨；景德镇窑的窑址就在今天的江西省景德镇，景德镇窑在当时产量非常大，获得了巨大的成功，全国各地的窑场纷纷仿烧，形成了一个巨大的青白瓷窑系，该窑系以景德镇为中心向外扩散，江西吉安永和窑，福建德化窑、同安窑、广东潮安窑，都大量烧造青白瓷，成了重要的青白瓷窑系窑场。从此青白瓷广及大河上下，长江南北，在地域上空前广大（图 1–15）。窑口犹如瓷器的身份，每一件瓷器都有它产生的窑口，所以，我们在鉴赏之时首先要从窑口上了解酱、褐、青白釉瓷器，将其纳入特定的窑口之中。

▲图 1–13　景德镇窑花形支足　宋代

▲图 1-14　景德镇窑青白瓷碗足标本　元代

▲图 1-15　微有裂缝青白瓷枕　宋代

功能

酱、褐、青白釉瓷器功能十分明确，以实用为主，陈设、装饰、把玩为辅，这一点与传统的青、黑瓷等基本相似，这主要与酱、褐、青白釉瓷器在生活当中作为日常用具有关，大多数器皿，如碗、盘、碟等不仅产量大，而且造型基本相似，担任的功能基本相同，如青白瓷只有少量的盏等较为精致，这是因为其担任茶具的功能。总之，酱、褐、青白釉瓷器在功能上的特征十分明确，就是根据功能的不同，造型、纹饰、精致程度在变化。由此可见，功能对于酱、褐、青白釉瓷器各个方面的影响非常大。不过酱、褐、青白釉瓷器在辅助人们生活的同时，也具有相当多陈设装饰的功能，但很明显，酱、褐釉瓷器在这方面的功能与青白瓷相比显然略逊（图 1–16），如一些青白瓷的盏，选料优良，淘洗精炼，匀薄，整个器皿手感轻盈；釉色青中闪白，白中闪青，釉质细腻，温润；纹饰繁缛，有的内壁整个都饰纹，线条流畅，刚劲挺拔，雕刻凝炼，可见这样的器皿除了实用外，还具有极强的把玩、装饰功能，鉴定时应注意分辨，只是在数量上，酱、褐、青白釉瓷器比较少而已。从具体功能上看，酱、褐中很少烧造过于大型的器皿，像盛放粮食用的瓮等，

▲图 1–16　实用与装饰结合精致青白瓷盏　宋代

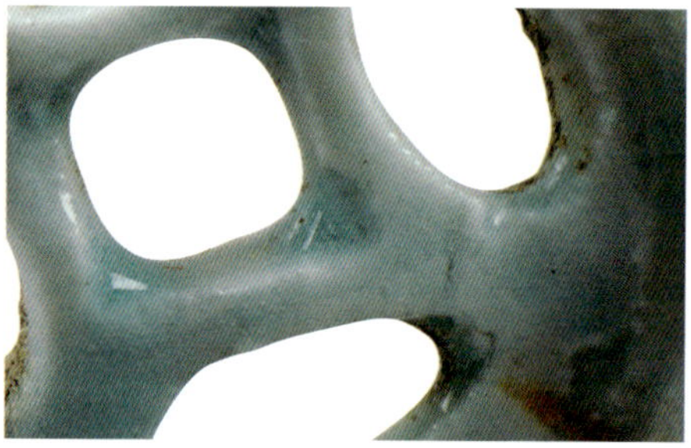

▲图 1–17　装饰性较强镂空青白瓷窗饰　宋代　立业

有一些，但从考古发掘出土器物的来看，的确很少；青白釉瓷器在盛物功能上多限于盛放一些较为珍贵和小件的物品，如在发掘中经常发现青白釉瓷器罐中有放置铜钱的习惯等。由此可见，酱、褐、青白釉瓷器功能与色彩的关系密切。（图 1–17），而本书试析了不同条件下酱、褐、青白釉瓷器的功能，相信对读者有所帮助。

收藏保养

酱、褐、青白釉瓷器的保养是一个喜悦和沉重交织的话题，喜悦的是我们可以随时、随地拿出自己青睐的酱、褐、青白釉瓷器把玩、欣赏，沉重的是担心瓷器被损坏。“瓷器发毛，分文不值”，损坏是一件很令人痛心的事情，因为这些文物历经了千年都没有损坏，到了我们的手中也不应受到伤害，这是每一个收藏者的责任。再者，一旦出现保养问题，会对其价值造成无可估量的损失，或许一件精品瓷器就此变成了标本，或是有价无市。如何解决酱、褐、青白釉瓷器的保养问题？本书总结了几点：

1、防止磕碰

2、减少移动

3、相对温度

4、相对湿度

以上四点，在正文中将进行详细论述，以及对各种有可能发生情况进行分析，不过酱、褐、青白釉瓷器的保养是一个相当复杂和科学的过程，绝不是以上几点就能解决所有问题的，不过以上几点是最基础的，特别是对于不懂得任何保养知识的收藏者，如果开始做得不好，藏品很可能就会出现一些瑕疵。本书所讨论的是现有条件下如何才能帮助收藏者度过保养难关的问题，相信这是对人们最大的帮助（图 1–18）。一些过于深邃的问题，还处于研究阶段，或者是有争论的方法，本书暂不涉及。总之，通过我们的努力，使这些精美绝伦的酱、褐、青白釉瓷器不要受损，让这些历经千年风雨浮沉的酱、褐、青白釉瓷器历久犹新，是我们共同的心愿。

▲图 1–18　精美绝伦褐釉瓷盒盖　宋代

第二章 完残

完好

中国古代酱、褐、青白釉瓷器中完好的器皿常见（图 2–1），墓葬和遗址中都有，墓葬出土多为 1 到几件，遗址出土的数量基本和墓葬相似，主要以墓葬出土为主，遗址出土无论是城址还是窑址，多数都是残缺的器皿，而且以碎片居多，鉴定时应注意分辨。这也导致了中国古代酱、褐、青白釉瓷器总量与残缺器皿相比显得十分稀少。从时代上看，中国古代酱、褐、青白釉瓷器在时代特征上比较明确，分为两种情况，对于酱、褐釉瓷器而言，没有直接的证据表明那个时代的酱、褐釉瓷器的完整器皿比例较大（图 2–2）；但是从青白瓷来看，显然是宋元时期完整器的比例较大，这一点很简单，因为青白瓷鼎盛的时代就是宋元时期，其他时代很少见到青白瓷的身影。鉴定时我们要注意分辨。

▲图 2–1　完好无损酱釉瓷碗　宋代

▲图 2–2　完好无损酱釉四系深腹瓶　金代

残缺

残缺的概念很容易理解，就是中国古代酱、褐、青白釉瓷器不仅残，而且还发生了缺失，因此这是一个综合的概念。中国古代酱、褐、青白釉瓷器残缺的情况比较复杂，从程度上看，可以分为严重残缺和轻微残缺。我们具体来看一下：

1、轻微残缺。轻微残缺的中国古代酱、褐、青白釉瓷器比较常见（图 2–3），通常是指残的不严重，缺失的部分不多，能够科学复原的器皿。从数量上看，中国古代酱、褐、青白釉瓷器轻微残缺的情况很多，主要是酱、褐、青白釉瓷器在生活当中担当实用器皿角色，磕磕碰碰的情况很常见，不过与严重残缺的情况相比在数量上明显不占优势，这一点我们在鉴定时要能够理解。从时代上看，轻微残缺的酱、褐、青白釉瓷器在时代特征上并不是很清晰，各个历史时期都有见。从窑口上看，轻微残缺与否主要与保存的环境息息相关，与窑口的关联并不明显。

▲图 2–3　略有口磕褐釉瓷瓶　宋代

▲图 2–4　严重残缺青白瓷窗饰　宋代

2、严重残缺。中国古代酱、褐、青白釉瓷器中严重残缺的情况十分常见，这种情况以遗址出土为主要特征（图 2–4），其显著特征是残缺比较严重，大多数只是碎片。而且严重残缺有一个显著的特征，就是缺失的部分找不到了，不能进行科学复原。从数量上看，严重残缺的器皿几乎占到整个中国酱、褐、青白釉瓷器遗存的大部。由此可见，酱、褐、青白釉瓷器经历千年之后，完整器真的是太少了。

复原

中国古代酱、褐、青白釉瓷器中有底、有口沿可以复原的器皿有见，但可复原的情况主要有两种：一是自然复原、二是模具复原。自然复原是指有残，但没有缺的酱、褐、青白釉瓷器，如一堆碎片，我们可以通过拼接恢复其原有的风貌，也称为简单复原。而模具复原是指借助模具才能恢复造型的复原，这种复原过程较为复杂，也称为复杂复原，一般是指有底有口沿的标本，可以通过打模有效标本，然后通过标本将器物造型恢复（图 2–5）。从数量上看，自然复原的情况不是很常见，主要以模具复原为显著特征，墓葬、特别是遗址之上可以经常看到。从时代上看，酱、褐釉瓷器在时代特征上比较发散，各个历史时期都有见，而且具有均衡化的特征；而青白瓷在模具复原上则主要是以宋元时期为显著特征。原因很简单，宋元是青白瓷鼎盛时期，总量本身比较大。从窑口上看，酱、褐釉瓷器在窑口上没有显著特征，各个窑口基本上都有兼烧，具有深度民间窑场的性质；而可复原的青白瓷在窑口上特别清晰，主要是来自景德镇窑及其窑系产品，其他窑口的产品基本不见。由此可见，绝大多数酱、褐、青白釉瓷器的完整器皿都是靠可复原器来完成的（图 2–6），因此对于可复原器的收藏无疑是酱、褐、青白釉

▲图 2–5　有底有口沿褐釉瓷器标本　金代

▲图 2–6　能够复原黑瓷标本　金代

瓷器的一个重点，从收藏的角度看，蕴涵着巨大的保值和升值的潜力。另外，还要注意一点，可复原的酱、褐、青白釉瓷器经常被作伪者利用，他们对这些可复原器皿进行商业修复，而且不留下辨识的痕迹，如将拼接的裂缝都修复好，这样如同新器一样，用来牟取暴利（图 2-7），由于器物的一部分是真器，所以很难辨识。这类器皿辨别方法主要有两种：第一是听声音，完好的酱、褐、青白釉瓷器叩之可发出清脆悦耳的金属声，而如果有裂缝的酱、褐、青白釉瓷器，声音听起来沉闷，沙哑。二者区别明显。鉴定时注意分辨；第二是做检测，目前有很多光学的仪器，可以很清楚地看到瓷器是否经过修复，釉内是否有裂缝。这种方法比较简单易行，很多大学文博系的修复实验室内都可以检测（图 2-8）。总之，我们在鉴定时要注意分辨。

▲图 2-7　可复原褐釉瓷器标本　金代

▲图 2-8　有底有口沿可复原标本　金代

缺失

缺失的概念略难理解，实际上就是指中国古代酱、褐、青白釉瓷器有残缺，但残缺的部分找不到，从而形成缺失，不可复原。这样的器皿数量众多，墓葬和遗址内都有，尤其以遗址为主，城址和窑址上堆积着大量这样的残片，何止成百上千件，这与酱、褐、青白釉瓷器为深度民窑产品有着一定的关联（图 2-9）。从时代上看，酱、褐釉瓷器各个时代都有，青白瓷以宋元时期为常见，其他历史时期比较少见。从精致程度上看，缺失与酱、褐、青白釉瓷器的精致程度没有直接的关联，缺失是由残缺造成的，具有偶然性，所以在缺失器皿中精致、普通、粗糙的酱、褐、青白釉瓷器都有。缺失的酱、褐、青白釉瓷器的收藏价值不是很高，有两点决定了收藏市场的走向：一是民窑用品数量特别多，二是酱、褐、青白釉瓷器本身精品很少，所以如景德镇窑青白瓷的精品残片并不多见。这一点我们在鉴定时要注意分辨。

▲图 2-9　不可复原青白瓷标本　元代

土蚀

中国古代酱、褐、青白釉瓷器土蚀的情况有见，从数量上看，墓葬和遗址内都有出土，墓葬出土偶见 1 到 2 件，遗址出土数量比较多，从总量上看，中国古代酱、褐、青白釉瓷器有土蚀者虽然不占主流，但也十分常见。从概念上看，土蚀的概念比较复杂，如土蚀的程度有深有浅（图 2-10），色彩很多，但也比较容易理解，总而言之就是受到了土壤环境的侵蚀，一般情况下，我们将不能清洗掉的土渍定性为土蚀。从形成的原因上看，土蚀多是在潮湿的环境中形成，一般情况下在北方地区墓葬当中出土的酱、褐、青白釉瓷器土蚀比较轻微，有的可以说是历久如新，但是在南方地区保存下来的器皿由于土壤环境比较潮湿，土蚀往往比较严重，但这一点也不是绝对的，总的来看土蚀的出现没有特别的规律性特征可言，如果遇到保存环境不好的情况就会产生土蚀，而如果是保存环境好的地区情况就好一些。从土蚀的程度上看，南方地区土蚀的程度往往比较严重，在器物表面形成面积较大的土蚀，北方地区往往比较轻微。鉴定时注意分辨。

▲图 2-10　有土蚀青白瓷盏　宋代

磕伤

磕伤从概念上比较容易理解，如口磕、足磕、腹部磕伤、沿部磕伤等都可以归入磕伤的范畴（图 2-11）。中国古代酱、褐、青白釉瓷器由于是日常生活当中老百姓实用的器皿，所以磕伤者常见，但这些磕碰痕迹多保留着日常生活当中使用的印记，如碗的口部常有磕痕；盘的足部和沿部常有磕碰等，但这些磕碰比较轻微，通常情况下不会影响到其实用的功能，也正是由于如此，当时人们才没有抛弃它，而选择继续实用；窑内有磕伤的情况很少见。从件数特征上看，墓葬和遗址内常见这

▲图 2-11　磕伤较严重褐釉瓷枕　金代

种磕伤的器皿（图 2-12）。从总量上看，中国古代酱、褐、青白釉瓷器占据着绝对统治的地位，品相优的酱、褐、青白釉瓷器自然是少之又少，因此对于完美无缺、精致的酱、褐、青白釉瓷器的收藏也是不易的，这样的器皿具有很强的保值和升值功能，“物以稀为贵”，是我们收藏的重点。另外，收藏要注意的是不要磕伤，如果是老茬口，那么它是岁月留痕，而且多数已钝化，没有棘手的感觉，但新茬口就是一种残缺，一种失误和事故，对于文物的价值影响很大，经常会造成有价无市的情

▲图 2-12　口部有磕伤褐釉瓷瓶　宋代

况（图 2–13）。这一点我们在赏玩时要注意。从时代上看，磕伤的中国古代酱、褐、青白釉瓷器没有过于规律性的特征，各个时代都有见。由于磕伤的形成具有偶然性和突发性，与精致程度的关系不大。鉴定时应注意分辨。

▲图 2–13　略有磕伤褐釉瓷执壶　唐代

失亮

失亮中国古代酱、褐、青白釉瓷器有见，失亮概念比较复杂，但简单的理解和概括就是酱、褐、青白釉瓷器釉面失去光泽，或者是光泽局部受损，这样的酱、褐、青白釉瓷器我们就称之为失亮。失亮的酱、褐、青白釉瓷器在数量上并不是很多（图2-14），从成因上看主要有两种：一是窑内失亮，二是外力作用。窑内失亮的酱、褐、青白釉瓷器，由于并不影响到实用，当时也被销售掉了。外力作用就是在保存环境中由于腐蚀等作用，外面的光泽逐渐失去了，这类器皿在实践中很少见。从种类上看，失去光泽的酱、褐、青白釉瓷器主要以酱、褐釉瓷器为主，青白瓷失亮的情况很少见。从通体与局部上看，酱、褐、青白釉瓷器多数以局部失去光泽为主，通体失亮的情况很少见。不过通过观察中国古代酱、褐、青白釉瓷器并不掩饰这种失亮，只要不影响到实用，其他的问题都是可以被原谅的，客观上也是可以销售出去的，由此我们可以看到民窑“生存第一”的本质特征。从精致程度上和窑口上看没有过于规律性的特征。鉴定时应注意分辨。

▲图2-14　釉面失亮褐釉瓷瓶　宋代

第三章 釉色

酱釉

背景信息：酱色釉时常有见，我们来看一则集宁市榆树湾辽金遗址发掘的实例，“酱金代瓷瓶，T23:7 内外壁均施酱色釉”。这不是一个孤例，墓葬和遗址内都有出土，件数多为 1 到 2 件，在总量上有一定的表现。

鉴定要点：

1、从色彩上看，酱釉瓷器属单色范畴，色彩较为纯正（图 3-1），稳定性比较好，存在一定程度的衍生色彩，在釉色上达到了一定的水平，是历代人们日常生活用具不可或缺的瓷器品种。

2、从时代上看，酱釉瓷自六朝时期就开始出现，隋唐五代时期得以发展成熟，宋元时期继续生产，直至明清，在技术上并无大的起伏。鉴定时应注意分辨。

▲图 3-1　色彩纯正酱釉瓷壶　金代

3、从窑口上看（图 3-2），由于太普通了，技术含量也不高，所以没有那一个窑口是专一烧造酱釉瓷器，但也正是因为这样，几乎所有的窑口都烧造酱釉瓷器，满足人们日常生活所需。从六朝直至明清时期都是这样。鉴定时应注意分辨。

4、从光泽上看，中国古代酱釉瓷器较为淡雅，略显黯淡，细腻、均匀、柔和、滋润，有一定程度的油性光泽。

5、从精致程度上看，酱釉瓷器在历史上多是人们日常生活当中的用具，很少见过于精致者，多以普通瓷器为主，粗糙瓷器也有见。

▲图 3-2　釉色较纯酱釉瓷盒　金代

褐釉

背景信息：褐色釉瓷器墓葬和遗址内多有见，我们来看一则辽宁抚顺千金乡唐力村金代遗址发掘的实例，“金代瓷盘，口沿及外下壁施褐色釉不及底”。件数通常为 1 到 2 件，由于延续时代比较长，又是人们日常生活当中的实用器皿，所以有一定的总量。在中国古代酱、褐、青白釉瓷器中占有重要的地位。

鉴定要点：

1、从色彩上看，褐釉瓷器色彩较为纯正，稳定，串色和偏色等现象基本不见（图 3–3），属单色范畴，立意质朴，清新雅致，但显然也不是色版一块，其判断的标准还是人们的视觉。

▲图 3–3　褐釉瓷器标本　金代

2、从时代上看，中国古代褐釉瓷器从六朝晚期常见，各个历史时期都很兴盛，直至明清时期。鉴定时应注意分辨。

3、从窑口上看，中国古代褐釉瓷器在窑口上特征很明确，各个时代都没有固定的窑场在烧造，但各个窑场都有搭烧，在烧造技术和风格上多数延续传统，不同时代的窑口变化很小（图 3–4）。

4、从光泽上看，褐釉瓷器光泽较为暗淡，这一点很明显，因为灰褐类的瓷器在光泽上都是这样，但这显然切合了褐釉瓷器在功能上的特点，由于是深度民窑产品，价格比较低，使得褐釉瓷器在光泽上显得比较黯淡，淡雅，通体闪烁着油脂性光泽（图 3–5）。

5、从精致程度上看，褐釉瓷器与精致程度之间理论上没有关联，但从发掘的情况来看，这种联系还是很紧密，褐釉瓷器在漫长的生命历程当中与其具有一定的关联。

▲图 3–4　褐釉瓷罐　唐代

▲图 3–5　光泽淡雅褐釉瓷盒　宋代

青白釉

背景信息：青白瓷在中国古代瓷器史上占有重要的地位（图3-6），这一点是无疑的，墓葬和遗址内常有见，出土数量多为1到2件，我们来看一则景德镇湖田窑H区附属主干道发掘的实例："宋代瓷瓶，T2①：20施青白釉"。仅湖田窑就出土了成千上万件青白瓷，可见其总量具有相当的规模。

▲图3-6 精美绝伦青白釉瓷盏 宋代

鉴定要点：

1、从色彩上看，青白两色完美地融合在一起（图3-7），"你中有我，我中有你"，不可分离，显然已经形成了一种新的独立的色彩。鉴定时应注意分辨。

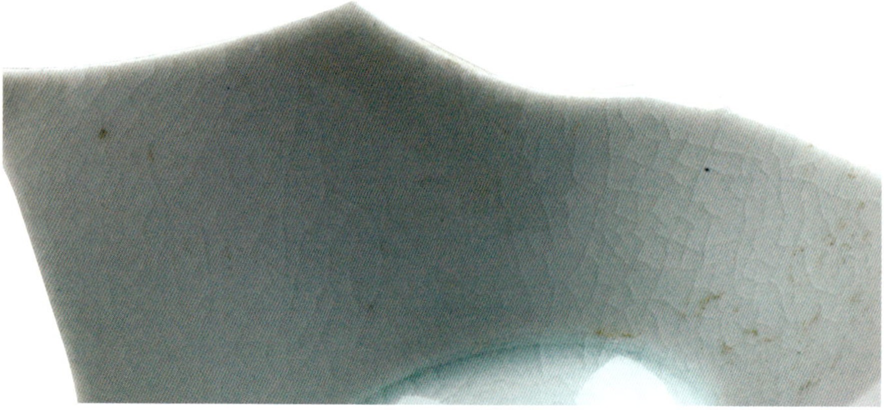

▲图3-7 釉色纯正青白釉标本 北宋

2、 从时代上看，以宋元时期为显著特征，其他时代很少见；在色彩上宋代达到了青白瓷最为鼎盛的时期，元代有所衰落，但亦有少量的精致瓷器出现。鉴定时应引起注意。

3、 从窑口上看，中国古代青白釉在窑口上特征亦是十分明确（图 3–8），就是由景德镇窑创烧成功，并由景德镇窑鼎盛和衰落，整个时代跨度为宋元时期。并且景德镇窑形成了巨大青白瓷窑系，地域广及全国。鉴定时应注意分辨。

4、 从光泽上看，中国古代青白釉在光泽上一改酱、褐釉黯淡的局面，在色彩上较为鲜亮，光泽感很强，但青白瓷在光泽上非常柔和，绝对没有“贼光”的感觉，通体闪烁淡雅的非金属光泽，精美绝伦，精品力作不断涌现。

▲图 3–8　景德镇窑青白釉瓷器标本　元代

▲图 3–9　青白瓷釉标本　元代　林业

5、 从精致程度上看，青白瓷与瓷器精致程度具有一定的关联（图 3–9），但较为泛化，既有见精致者，更有普通、甚至粗糙者，这一点在鉴定时我们要注意分辨。

青白泛灰

背景信息：中国古代瓷器中青白泛灰者有见，我们来看一则景德镇湖田窑 H 区附属主干道发掘的实例：“宋代瓷盒，T5 ③：4 外壁施青白泛灰釉”。墓葬和遗址当中偶有所见，但并不是说每一座墓葬中都有见，在数量上并不是很多，只是酱、褐、青白釉瓷器的一种点缀，绝占据不到主流地位（图 3-10）。鉴定时我们要注意分辨。

▲图 3-10　较为精致青白泛灰釉瓷器　元代

鉴定要点：

1、从色彩上看，青白泛灰釉是一种复合色彩，从本质上看应属于青白釉色的衍生色彩，主流色彩依然是青白釉色，只是产生了偏色和串色，最终形成了较为独立的色彩（图 3-11）。不过首先我们应该注意到，这种色彩具有一个共同的特点，就是色彩较为暗淡。

▲图 3-11　青白釉泛灰花卉纹瓷器　元代

2、从时代上看，中国古代青白泛灰釉的瓷器具有鲜明的时代特征，不是每个历史时期都有，最早见于宋代，在宋元时期流行，因为它属于青白瓷的衍生色彩，这一点应该比较容易理解，就不赘述。

3、从窑口上看，青白泛灰釉瓷器在窑口特征上比较明确，就是以景德镇窑及其窑系的生产为显著特征（图 3-12），宋元时期产量最大，明清时期并不多见，鉴定时应注意分辨。

▲图 3-12　景德镇窑青白泛灰釉花卉纹瓷器标本　元代

4、从光泽上看，中国古代青白泛灰的瓷器在光泽上较为黯淡，有一些发灰发暗的感觉，但油性光泽浓郁，柔和细腻，整体来看多数闪烁淡雅的非金属光泽。

5、从精致程度上看，青白泛灰的瓷器与精致程度有着直接的关联（图 3-13），作为青白釉色的衍生色彩从理论上应该在精致程度上受到一些影响，但实际上并非这样，有的青白泛灰釉的瓷器在各方面都相当精致，当然主流还是以普通和粗糙瓷器为主。鉴定时应注意分辨。

▲图 3-13　较精致青白泛灰釉瓷器　元代

酱黑釉

背景信息：酱黑釉的瓷器在酱、褐、青白釉瓷器中占有一定的比例（图 3-14），但这种比例很小，墓葬和遗址有见，但数量多为 1 到 2 件，因此在总量上并不大，来看一则镇江市吴家门元代建筑遗址发掘的实例，“元代瓷碗，酱黑色釉”。这样的例子虽然有见，但并不是很容易找到。鉴定时我们要注意分辨。

▲图 3-14　酱黑釉瓷器标本　元代

鉴定要点：

1、从色彩上看，中国古代酱、褐、青白釉瓷器中酱黑釉的色彩显然属于复色，为酱釉和黑釉色彩融合而成，形成了新的色彩，但我们可以看到主色调依然是酱釉，因此酱黑釉瓷器在本质上显然属于酱釉瓷器的衍生色彩，只不过这种衍生色彩较为稳定，显然具有独立性。

2、从时代上看，酱黑釉在时代特征上并不是很鲜明，各个时代都有见，由六朝直至明清，较具均衡化特征，这与酱黑釉瓷器为日用器皿有着密切的关联。鉴定时应注意分辨。

▲图 3-15　酱黑釉瓷器　元代

3、从窑口上看，酱黑釉在窑口特征上也不是很清晰，从其产生的六朝时期开始，各个窑场都在生产酱黑釉瓷器，但没有一个窑场专一生产酱黑釉瓷器，唐宋时期、包括后来的明清时期基本上都是这样，以各个窑场较为随意地搭烧为主。

4、从光泽上看，中国古代酱黑釉瓷器，光泽较为黯淡（图 3–15），但绝对没有灰暗的感觉，通体闪烁着非金属的淡雅光泽。

5、从精致程度上看，瓷器的精致程度与酱黑釉色的关系密切，从发掘的情况来看，酱黑釉色的瓷器没有过于精致者，多以普通和粗糙的瓷器为显著特征。鉴定时应注意分辨。

青白泛青

背景信息：中国古代酱、褐、青白釉瓷器中青白泛青釉的瓷器时常有见（图 3-16），墓葬和遗址内经常有见，我们来看一则湖北省武汉市江夏区浮山窑址发掘的实例：“宋代瓷碗，釉色青白泛青”。这些瓷器数量不是太多，出土多为 1 到 2 件，因此从总量上看，显然在中国古代酱、褐、青白釉瓷器中不占主流，只是有见而已。

▲图 3-16　青白泛青釉盏　北宋

鉴定要点：

1、从色彩上看，青白泛青的釉色属复色范畴，定位清晰，主色调为青白釉色，辅助色彩为青白釉中泛出的青色，显然，青白釉发生了串色现象，只是这种偏色较为固定化而已，在客观上形成了一种稳定、独立的色彩类别。由此可见，青白泛青釉显然是青白釉色的衍生色彩，故而得名。

2、从时代上看，中国古代青白泛青釉色在时代特征上十分明确（图 3-17），主要以宋元时期为显著特征，特别是元代青白瓷中比较常见，鉴定时应注意分辨。

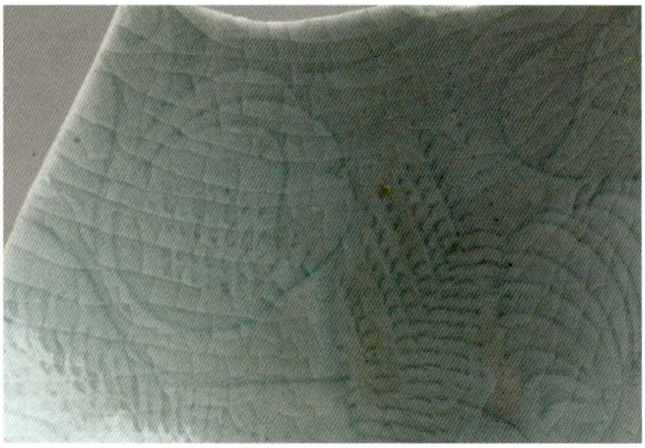

▲图 3-17　青白泛青釉鱼纹盏　北宋

3、从窑口上看，中国古代青白泛青釉的瓷器在窑口上特征鲜明，主要以宋元时期的景德镇窑为显著特征，特别是景德镇窑系产品较为常见。

4、从光泽上看，青白泛青的瓷器在光泽上比较好，与黯淡相对，较为鲜亮，滋润，均匀、淡雅、油脂性光泽浓郁（图 3-18）。鉴定时应注意分辨。

5、从精致程度上看，中国古代青白泛青釉的瓷器与精致程度之间的关系较为明确，与精致瓷器基本无缘，以普通和粗糙的瓷器为主，特别是粗糙的瓷器中常见。

▲图 3-18　光泽淡雅青白泛青釉斗笠盏　北宋

酱黄釉

背景信息：中国古代酱、褐、青白釉瓷器中酱黄釉的瓷器有见（图 3-19），我们来看一则重庆云阳乔家院子遗址唐宋时期遗存的实例：“唐代瓷盘，施酱黄色釉”。这样的实例在不同时代里都能见到，墓葬和遗址内时常见，墓葬出土多为 1 到 2 件，但总量规模不大，是中国古代酱、褐、青白釉瓷器中的色彩之一。鉴定时应注意分辨。

▲图 3-19　酱黄釉花口高足杯　宋代

鉴定要点：

1、从色彩上看，酱黄釉显属复色范畴，酱釉和黄釉瓷器的结合，这种结合显然不太均衡，主要以酱釉为显著特征，黄釉色彩为辅助，显然形成了一种新的酱黄色，这种色彩具有相当程度的稳定性。

2、从时代上看，酱黄釉瓷器时代特征极为模糊，六朝隋唐时期有，宋元辽金时期也有，明清时期更是有，总之，各个时代都有，在时代特征上较为均衡。

3、从窑口上看，酱黄釉的瓷器基本上没有专一烧造的窑口，而是很多窑场都在烧造，实际上它应该是酱釉瓷器的一种，烧造酱釉瓷器的窑场都烧造有酱黄釉的瓷器，鉴定时要注意分辨。

4、从光泽上看，中国古代酱黄釉的瓷器其光泽较为淡雅（图3-20），釉质细腻，致密、温润，油性光泽异常浓郁，更加造就了其柔性的光泽，多数通体闪烁着非金属的光芒。

5、从精致程度上看，酱黄釉瓷器与精致程度有一定关系，从实物上看，很少见到酱黄釉的精致瓷器，多以普通瓷器为主，粗质瓷器中也偶有见。鉴定时应注意分辨。

▲图 3-20　光泽淡雅酱黄釉高足盘　宋代

青白泛黄

背景信息：中国古代青白泛黄的瓷器有见，我们来看一则景德镇湖田窑H区附属主干道发掘的实例："宋代瓷盒，青白泛黄釉"。这不是一个特别的例子，墓葬和遗址当中都有，件数特征不是很多，多为1到2件。由此可见，青白泛黄的瓷器只是酱、褐、青白釉瓷器中的一种釉色点缀而已。

鉴定要点：

1、从色彩上看，青白泛黄的概念很清晰，为一种复色（图3-21），顾名思义在青白釉色当中微微泛出黄色调，但显然已经形成了一种独立的色彩，并且在色彩上比较稳定。从本质上看，这种青白泛黄的色彩应该属于青白釉的衍生色彩，这一点我们在鉴定时应注意分辨。

▲图3-21　青白微泛黄标本　明代

2、从时代上看，中国古代青白泛黄釉的瓷器具有鲜明的时代特征，以宋元时期比较常见（图3-22），宋代似乎见到更多一些，其他历史时期很少见，鉴定时注意分辨。

▲图3-22　青白泛黄釉碗足标本　明初

3、从窑口上看，中国古代青白泛黄的瓷器窑口特征异常明显，也十分简单，主要以生产青白瓷的景德镇窑及其窑系为显著特征，如福建德化窑、同安窑等都常见，鉴定时应注意分辨。

▲图 3-23　青白微泛黄瓷器标本　明代

4、从光泽上看，青白泛黄釉的瓷器以鲜亮为主（图 3-23），通体闪烁着非金属的光泽，光泽淡雅，柔和、细腻、滋润，整体给人一种温润的感觉。

5、从精致程度上看，中国古代青白泛黄釉的瓷器与精致程度的关系十分密切，这种瓷器由于在青白色的基础之上发生了很大的变化，也就是偏色，但又未将这种偏色缺陷发展成为一种“缺陷美”（图 3-24），因此青白泛黄本身就意味着与精致瓷器无缘，多数为普通和粗糙的瓷器。鉴定时要注意分辨。

▲图 3-24　青白釉泛黄碗足标本　明代

酱褐釉

背景信息：中国古代酱褐釉的瓷器十分常见，我们来看一则郑州唐丁彻墓发掘的实例："唐代瓷壶，标本 M1:45 盘口及上腹施酱褐釉"。这并不是罕见的实例，比较普通，墓葬和遗址当中都有，1 到 2 件的情况都有，在总量有一定的总量。鉴定时要注意分辨。

鉴定要点：

1、从色彩上看，酱褐釉的瓷器在概念上十分清晰，为复色的一种，酱色和褐色完美地结合在一起，形成了一种新的、独立的色彩（图 3−25），酱褐两色显然已经成为其最显著的标志，但是从众多的实物观测上来看，这种釉色之所以称其为酱褐色，主要还是因为酱色的元素比较丰富，可能从本质上看还应当是酱釉的一种衍生性色彩，这一点我们在鉴定时要清楚。

▲图 3−25　酱褐釉双系瓶　宋代

2、从时代上看，中国古代酱褐釉瓷在时代特征上不是太鲜明，各个时代都有见，没有过于规律性的特征，鉴定时应注意分辨。

3、从窑口上看，中国古代酱褐釉瓷器不同的窑口都有，这一点是无疑的，而且这些窑口几乎贯穿于整个瓷器史，从六朝到明清时期都有，各个窑口都是兼烧，但没有专一窑场进行烧造（图3–26）。

▲图 3–26 酱褐釉小口瓷瓶 宋代

4、从光泽上看，中国古代酱褐釉瓷，光泽淡雅，滋润，柔和，细腻，如涓涓溪流，通体闪烁非金属的油性光泽（图3–27）。鉴定时应注意分辨。

▲图 3–27 油性光泽浓郁酱釉双系罐 宋代

5、从精致程度上看，中国古代酱褐釉中精致者少见，主要以普通和粗糙的瓷器为多见，其实这一点很好理解，因为本身酱釉瓷器就很少见到精致瓷器，何况严重偏色到酱黄釉瓷器之上的这些瓷器，在精致程度上自然与精致瓷器无缘。

青白泛绿

背景信息：中国古代青白泛绿的瓷器时常有见，我们来看一则景德镇湖田窑H区附属主干道发掘的实例："宋代瓷羊，T4②：227施青白泛绿釉宋代瓷羊"。实际上在景德镇窑产品中经常可以看到青白泛绿釉的瓷器，出土地点较为广泛，全国各地都有出土，墓葬出土数量多为1到2件，遗址量较大，有一定的总量，但绝占据不到主流的地位，鉴定时注意分辨。

鉴定要点：

1、从色彩上看，白中泛绿的瓷器在色彩上显然较为复杂（图3–28），青白釉之中泛出了明显的绿，不过显然主色调还是青白色，我们能够看出这种色彩仍然是青白瓷的衍生色彩，并具有相对的独立性。

2、从时代上看，中国古代青白泛绿釉的瓷器在历史上主要以宋元时期为多见，明代也有少量产品，其他时代基本不见。由此可见，青白泛绿釉的瓷器在时代特征上较为鲜明（图3–29）。

▲图3–28 青白釉微泛绿窗饰 宋代

▲图 3-29　青白釉泛绿镂空窗饰　宋代

3、从窑口上看，中国古代青白泛绿釉的瓷器在窑口特征上较为清晰，主要以景德镇窑为显著特征，窑系产品中也常见，其他窑口基本不见。从数量上看，主要以窑系青白瓷产品中为常见。鉴定时应注意分辨。

4、从光泽上看，中国古代青白泛绿釉的瓷器在光泽上特征明确，以淡雅为显著特征，有一定的光亮程度，油性光泽浓郁。

5、从精致程度上看，中国古代青白泛绿釉的瓷器在精致程度多不是太好，精致者少见，普通瓷器多见，粗糙的瓷器也有。鉴定时应注意分辨。

第四章 景德镇窑

概况

中国最著名窑场之一（图4-1），在宋代将酱、褐、青白釉瓷器中的青白瓷烧制成功，青白瓷产生之后即受到人们的青睐，以前所未有的速度迅猛发展，在宋元时期发展至鼎盛，当然也是在宋元时期青白瓷在景德镇窑就经历了产生、发展、鼎盛、衰落的全过程。使其成了一个巨大的民窑瓷业体系，产品“通销全国”，产量极大，成为当时的名窑之一。

▲图 4-1　寿州窑黄釉瓷碗标本　唐代

数量

景德镇窑在宋元时期产品很多，但是其主要的产品显然是在烧造青白釉，这一点从目前发掘的情况来看十分明显。在景德镇窑址的发掘中出土了成千上万件青白瓷产品，墓葬和遗址都有，在总量上相当巨大，为当时人们日常生活当中最常见的实用器之一。

▲图 4-2　景德镇窑青白瓷盏　元代

窑址

景德镇窑烧造青白瓷器的窑场已经发现（图 4-2），就在今天的景德镇，如景德镇湖田窑就比较有名，发现了相当多青白瓷产品，其特点与墓葬出土器物基本类似，与历史记载也相吻合。

时代

景德镇窑在青白瓷的生产上具有鲜明的时代特征，宋代烧造出成熟意义上的青白瓷，并很快发展至鼎盛，元代在产量上依然延续宋代而不衰，但是在烧造质量上有一定的下降，这一点很明确，如在造型、釉色、光泽、胎体等各个方面都是这样。明代由于青花瓷的兴起，迅速将包括青白瓷在内的诸多传统瓷器排挤出了主流市场，青白瓷器在这样的背景下也是急剧衰落。鉴定时应注意分辨。

精致程度

景德镇窑青白瓷在精致程度上明显可以为精致、普通、粗糙三个等级，只是数量不同而已，精致瓷器的数量并不常见，以普通瓷器数量最多，粗糙瓷器次之（图4-3）。

▲图 4-3　造型隽永景德镇窑青白瓷盏　元代

器形

景德镇窑青白釉瓷器物造型十分丰富，如碗、托、盘、碟、盒、托子、注子、盏、盘、瓶、罐、洗等都有见，数量最多的应属于碗、盘、碟等，因为它们是人们日常生活当中必备的器物，因此总量相当大（图 4-4）。鉴定时应注意分辨。

纹饰

景德镇窑青白瓷在纹饰上特征明确，并不排斥纹饰的存在，在纹饰上并不是十分黯淡，有很多青白瓷上刻、划、印花等装饰手法并用；纹饰题材丰富，以鱼纹和花卉纹较为常见，寓意较为深刻，如鱼纹常常刻划或者是模印在盏或者是碗的底部，寓意“年年有余”。纹饰本身线条流畅，刚劲挺拔，精美绝伦。不过从总体上看，景德镇窑生产的青白瓷上有纹者数量远少于素面者，这说明以“釉质取胜（图 4–5）”的观念仍然是此时景德镇窑的指导思想，但显然此时景德镇窑对于纹饰有着积极的尝试。

▲图 4–4　景德镇窑花卉纹青白瓷标本　元代

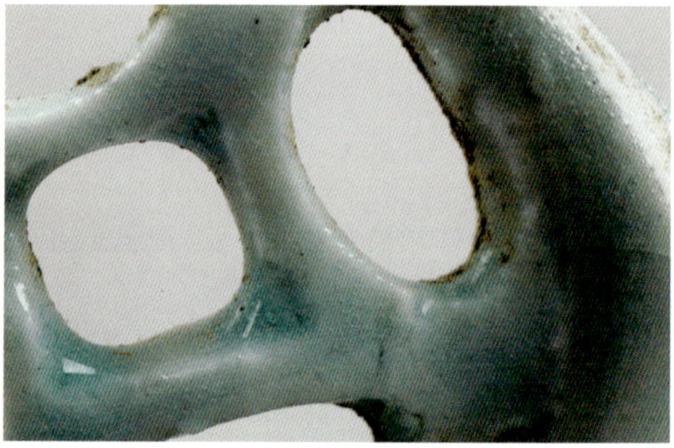

▲图 4–5　青白瓷窗饰　宋代

▲图 4–6　青白瓷标本　元代

釉质

景德镇窑青白器以釉取胜，这一点从发掘出土的器物上看没有任何疑问，青白釉质细腻、滋润，光滑、油性光泽浓郁，有较强的玉质感，通体闪烁着非金属的淡雅光泽，整体看上去精美绝伦，美不胜收（图 4–6）。在釉色上除了较为纯正的青白釉色之外，还有众多的衍生色彩，如青白泛绿、青白泛黄、青白泛灰等等，极为繁缛。总之，景德镇窑青白瓷器在釉质上达到了较高水平。

胎质

景德镇窑青白瓷在胎质上异常精细，选料考究，以高岭土为料，淘洗精炼，致密、细腻、瓷化程度高、坚硬、杂质的程度很低，精致瓷器的胎体达到了相当的水平，完全不次于官窑的水平，显然达到了民窑瓷器胎体的极高境界（图 4-7）。粗胎者也多数为高岭土料，致密、坚硬，只是胎体略厚。在色彩上景德镇窑青白瓷主要以白胎和灰白胎为显著特征，在色彩上较为纯正，精美绝伦。

窑系

景德镇窑青白瓷除了景德镇窑烧造外，还以景德镇窑为中心不断向外扩散，如江西吉安永和窑，福建德化窑、同安窑、广东潮安窑等都大规模地仿烧，在烧造质量上几乎与景德镇窑无异，成为重要的青白瓷窑系窑场。从地域上看，这些窑场遍及大河上下，长城内外，地域空前广大，鉴定时应注意分辨。

▲图 4-7　胎体略厚青白瓷器标本　宋代

第五章 造型

口部

酱、褐、青白釉瓷器口部造型众多（图 5–1），如，敞口、侈口、敛口、花口、直口、子母口、大口、小口、芒口、撇口、盘口、喇叭口、不规则口等都比较常见，我们来看一则江苏镇江市环城东路宋代遗存发掘的实例："盏 2 件。T1 ⑤：20。遍施青白釉，芒口"。由此可见，酱、褐、青白釉瓷器在口部造型上的确丰富，并且对于其他窑口的口部特征进行广泛的借鉴，甚至连定窑白瓷上的典型特征芒口都借鉴了，鉴定时应注意分辨。可见酱、褐、青白釉瓷器几乎囊括了历史上曾经出现

▲图 5–1　酱黄釉花口杯　宋代

过的所有口部造型。从数量上看酱、褐、青白釉瓷器特征十分明确，以敞口、侈口、敛口、大口、直口为显著特征，而花口、盘口、洗口等较为少见 ，这与其民窑的性质密不可分，因为敞口、侈口、敛口最多的器物造型就是碗、盘、碟，都是人们日常生活当中的用具。从形制上看，酱、褐、青白釉瓷器虽然口部造型众多，但都非常简单，以简洁明快为主，如敞口，顾名思义是指口部向外张的比较大；芒口就是知道口部未施釉的口部造型，鉴定时应注意分辨。从器物造型上看，不同的酱、褐、青白釉瓷器会选择相应的造型（图 5-2），这一点是无疑的，如直口的酱、褐、青白釉瓷器多选择瓶、胡、盒等造型，而碗、盘、碟的造型十分少见，这种选择在酱、褐、青白釉瓷器之上处处存在，鉴定时应注意体会。从功能上看，酱、褐、青白釉瓷器口部特征在功能上主要以实用为主，兼具装饰功能，特别是酱、褐釉瓷器更是这样，青白釉瓷器在功能特征上装饰性强一些，鉴定时应注意分辨。

▲图 5-2　微敛口褐釉瓷罐　宋代

唇部

酱、褐、青白釉瓷器唇部特征十分丰富，常见到的唇部造型就有圆唇、方唇、尖唇、尖圆唇、卷唇、折唇、略厚唇、撇唇等（图 5–3）。数量分化为两极，一极是酱、褐釉瓷器呈现出多元化的趋势，各种各样的唇部特征都有见，而且还有一定程度的均衡化特征；另一极是青白瓷，主要以尖唇为主，其他唇部造型相对少，我们来看一则江西湖田窑址 H 区发掘的实例："碟 10 件。尖唇"。由此可见，10 件瓷碟的唇部造型无一例外地都是尖唇，这样我们可以看到尖唇在青白瓷中的比重非常之大，当然这并不是一个特别的例子，有很多瓷碗及其他器皿在唇部特征上都是尖唇，原因很简单，与青白瓷中碗、盘总量巨大有关。从厚薄上看，酱、褐、青白釉瓷器唇部的厚度特征较为明显，也是分为两种情况，一种是酱、褐釉瓷器主要以略厚唇为显著特征，

▲图 5–3　圆唇褐釉瓷瓶　金代

▲图 5-4　尖唇褐釉瓷器标本　金代

青白瓷在唇部厚薄上又分为两种情况，一种是胎体轻薄的精致瓷器，以宋代为多见，一种是以厚重胎为主唇部造型，这种瓷器主要以宋元时期的普通和粗糙瓷器为主，鉴定时应注意分辨。从衍生造型上看，中国古代酱、褐、青白釉瓷器的这些唇部特征并非真正唇部造型的终结，而只是一个大造型范畴，在这些造型之下还有诸多衍生性造型，如圆唇就可以衍生成为圆方唇、近圆唇、卷圆唇、近圆唇等（图 5-4）。从形制上看，中国古代酱、褐、青白釉瓷器唇部在形制特征上并不复杂，而是非常直观。从器形上看，中国古代酱、褐、青白釉瓷器器物造型特征鲜明，即不同造型的唇部造型出现的器物造型侧重点不同，如，尖唇在青白瓷碗、盏、盘等器皿上多见。从功能上看，酱、褐、青白釉瓷器在功能上主要以实用为主，兼具有陈设、装饰、把玩之功能，这一点各个时代、不同窑口都是这样，显然与其民窑的性质密不可分。鉴定时应注意分辨。

沿部

酱、褐、青白釉瓷器从沿部种类上看，主要有平沿、折沿（图5-5）、斜沿、平折沿、敞沿、卷沿、敛沿、撇沿、花口沿等。由此可见，酱、褐、青白釉瓷器沿部造型繁复，基本上涵盖了历史上出现过的绝大多数沿部造型，这与其民间窑场的性质是分不开的。实用中的功能多样性决定了其沿部种类多样化。但从数量上看，这些沿部特征却并不是均衡的，而是有着相当程度的侧重，如平沿、折沿、斜沿、平折沿的造型在实践中就常见，但如花口沿等一些特殊的沿部就很少见，多数处于偶见的地位，这一特征我们在鉴定时应注意分辨。从形制上看，中国古代酱、褐、青白釉瓷器在形制上比较简单，如平折沿就是折沿平坦的沿部（图5-6），以人们的视觉就很容易判断得出来，如平沿的造型常是炉，我们来看一件江西湖田窑址H区发掘的青白釉色的炉。“炉7件。均残，部分复原。有圈足炉、筒腹炉、三足炉等。采：026，圈足炉。平沿”。而斜沿的造型以碗、盘等最为常见，例子很多就不再赘举。从功能上看，酱、褐、青白釉瓷器沿部功能以实用为主，兼具陈设装饰的功能，普通和粗糙的瓷器在实用的功能上表现突出，而精致瓷器陈设装饰的功能十分突出，更吸引人们的眼球。鉴定时应注意分辨。

▲图5-5　外撇沿黄褐釉瓷瓶标本　唐代

▲图5-6　酱釉唇沿微外撇瓷器标本　元代

腹部

中国古代酱、褐、青白釉瓷器腹部种类较为丰富，常见的主要有鼓腹（图5-7）、折腹、深腹、敞腹、曲腹、浅腹、斜腹、斜腹、弧腹、弧折腹、直腹等，种类十分繁缛。但观察这些腹部造型，都较为普通，如球形腹的造型几乎不见。酱、褐、青白釉瓷器显然是深度民窑的产品，质朴和实用是其本质的特征。从数量上看，酱、褐、青白釉瓷器在腹部特征上数量不一，并不具备均衡性的特征，主要以鼓腹、微鼓腹、斜腹、弧腹、折腹、弧折腹等最为多见。因为酱、褐、青白釉瓷碗的造型多数是这些造型，而碗是不同时代的每一个人每天都要使用的餐具，在总量上规模极大，可能要占到所有酱、褐、青白釉瓷器造型的一半以上，从比例上看这些腹部特征自然也就较为丰富。从形制上看，酱、褐、青白釉瓷器在腹部形制上较为简单，多是以人们的视觉为判断标准，如微折腹指的就是没有完全折下去的腹部造型，很形象，很简洁，这是其显著的特征。从器形上看，不同的器物造型在腹部造型的选择上既有相同之处，又会有所选择，在相互的重合的打破之中发展，相同的很容易理解，如碗的造型，弧腹、鼓腹、折腹、斜腹都有可能是碗；而不同的选择，多数表现很明显，如盒的腹部多为直腹；鉴定时应注意分辨。从功能上看，中国古代酱、褐、青白釉瓷器在腹部功能上以实用为基础，兼具有陈设装饰的功能（图5-8），在时代和窑口特征上基本相似，只是存在着在不同的器皿之陈设装饰功能强与弱的问题。

▲图 5-7　鼓腹褐釉双系罐　元代

▲图 5-8　坦腹酱釉瓷盒　金代

底部

中国古代酱、褐、青白釉瓷器底部特征十分明确，主要是以平底为显著特征（图5-9），圜底等的造型为辅助，实际上从出土器物来看，绝大多数酱、褐、青白釉瓷器都是平底，圜底的造型处于极为黯淡的角落里，只是某些特定造型在底部造型上的特征，鉴定时应注意分辨。从形制上看，中国古代酱、褐、青白釉瓷器圜底的造型比较简单，如同今天的锅底一样，是一个圜形的造型。酱、褐、青白釉瓷器平底的造型比较复杂，可以分为大平底、小平底、平底内凹、平地微凸、平衍等，这些造型在数量上并没有均衡化的特征（图5-10）。从器形上看，中国古代酱、褐、青白釉瓷器底部特征明确，有一定的规律性特征，如斗笠形的盏或者碗的造型，其底部一定是小平底，这是由其自身造型的特征所决定的，其他的例子不再赘举。从功能上看，中国古代酱、褐、青白釉瓷器在底部造型上功能十分明确，以陈设和装饰结合的功能为主，实用为辅。鉴定时要注意分辨。

▲图5-9 大平底青白瓷碗足 元代

▲图5-10 平底乳突明显瓷器标本 明代

足部

中国古代酱、褐、青白釉瓷器在足部造型上十分丰富，常见的主要有圈足、饼足、尖状足、乳足、山字形足、兽足、蹄形足、卧足、玉璧足等，可见酱、褐、青白釉瓷器足部造型异常繁缛，迎合了其主要作为实用器的性质。不过从实物观测上看，酱、褐釉瓷器和青白瓷在足部种类上具有很大的差异性，多数足部造型是针对酱、褐釉瓷器的；而青白瓷在足部造型上则是以圈足和一些少量的支足为特征。从数量上看，二者的共同特征是圈足的造型占据绝对的主流地位（图 5-11）。从衍生造型上看，酱、褐、青白釉瓷器在衍生性造型上十分丰富，如，圈足就可以衍生成各种各样的圈足，如暗圈足、薄圈足、敛圈足、小圈足、假圈足、宽圈足、喇叭状圈足等。其他足部造型也是这样，或多或少地都可以衍生出一些造型，从而组成了一个规模庞大的足部衍生造型系统，异常繁复，灿若星辰。从形制上看，酱、褐、青白釉瓷器足部形制特征比较明晰，直观、简洁、明快，主要以视觉为判断标准，如饼足顾名思义就是圆饼一样的圈足。从器形上看，中国古代酱、褐、青白釉瓷器中不同的足部造型会选择相应的器形，而且有很多具有鲜明的时代特征，如饼足的造型，主要在唐代的酱、褐釉瓷器之上出现，而在青白瓷器上出现的情况比较少见，像这样的例子很多，不再赘述。从功能上看，总的情况是以实用为主，兼具有陈设、装饰、把玩等功能。

▲图 5-11　支足花足青白瓷器标本　宋代

第六章 纹饰

背景信息：中国古代酱、褐、青白釉瓷器总的来看并不以纹饰为主，但有纹者在酱、褐、青白釉瓷器中占有一定的量，装饰方法繁多、刻、划、印、剔等都有见，题材较为丰富，带有浓郁的民间窑场气息，由此可见，酱、褐、青白釉瓷器并不像官、汝窑那样排斥纹饰的存在，这可能就是民间窑场与官窑瓷器的区别，鉴定时应注意体会。

鉴定要点：

数量

酱、褐釉瓷数量上的特征比较明确，就是纹饰的数量非常之少（图 6-1），墓葬和遗址当中出土的大量酱、褐釉瓷器都是素面，这可能与酱褐色的色调过于浓重，并不适合表现纹饰图案之美有关，当然这只是客观上的原因，根本的原因，还是人们以釉质取胜的观念阻碍了纹饰在酱、褐釉瓷器之上的发展，这一点是明确的。显然，酱、褐釉瓷器之上又是有纹饰的，只是零星、偶见这说明作为深度民间的产

▲图 6-1　花卉纹青白瓷标本　元代

品（图 6-2），酱、褐釉瓷器在纹饰上也进行了诸多尝试，这一点显而易见。

▲图 6-2 “寿”字纹酱釉瓷执壶 元代

青白瓷。青白瓷在纹饰数量上的表现，显然酱、褐釉瓷器好一些，青白瓷上时常有见纹饰出现，如果我们不同从宏观上的统计，显然有的时候青白瓷以釉质取胜的这种特点还不容易得出。青白瓷在有纹器上数量比较丰富，特别是对于宋代精致的瓷器而言更是这样，所占据的比例很大，但在宋元时期普通和略粗的瓷器之上就很少见到有纹饰的情况（图 6-3）。这说明景德镇窑青白瓷在纹饰上也一直是在尝试，也取得了一定的成功，但我们可以看到最终宋元时期的景德镇窑在指导思想上还是以釉质取胜，不过这显然是较多地受到传统思想的影响所致。

▲图 6-3 青白瓷鱼藻花卉纹盏 宋代

题材

中国古代酱、褐、青白釉瓷器纹饰在题材上比较复杂（图 6–4），各种各样的题材都出现了，主要以几何纹、花卉、草叶纹、动物纹为常见，看起来还是纷繁复杂，如缠枝、独枝花卉纹、云气纹、菊花纹、狮子滚绣球、双凤、如意、莲瓣纹、仰莲纹云雷纹、牡丹、螭龙云纹、鱼纹、盆景、瓶景纹饰等都有见。从数量上看，这些题材在酱、褐、青白釉瓷器之上并不是均衡地存在，而是有一定的差异性，如鱼纹和菊花、莲瓣纹的比例就比较大，而其他纹饰在数量上略逊，但这种在数量上的差异性并不是特别大。从类别上看，主要以青白瓷为主，酱、褐釉瓷器在数量上并不是很丰富。从时代上看，这些纹饰题材主要以宋元时期为常见，早期和晚期很少见。从内容上看，酱、褐、青白釉瓷器多是一些生活当中常见的花鸟虫鱼图案，具有浓郁的民间气息，喜庆、吉祥、质朴的气息浓郁，与其民窑产品的性质十分契合。鉴定时应注意分辨。

▲图 6–4　花卉纹青白釉瓷器标本　元代

构图

中国古代酱、褐、青白釉瓷器在纹饰构图上，可以说是简洁与复杂并存。简单的构图，往往是寥寥几笔就勾勒出一幅图案（图 6-5），如一幅简单的花卉纹和鱼纹等，这类简单的纹饰多以酱、褐釉瓷器为主，青白瓷的纹饰在构图上简洁者有见，但纹饰略有复杂化的倾向，特别是模印的纹饰更是这样，纹饰在构图上非常复杂，我们来看一则江西湖田窑址 H 区发掘的实例：青白瓷矮圈足碗 H1 ：8，内印狮子滚绣球纹。口径 12. 九、高 3.2 厘米。狮子滚绣球的纹饰显然比较复杂，不是寥寥几笔可以勾勒而成，而且需要相当多的笔道来渲染、设计。从层次感来看，酱、褐、青白釉瓷器中的酱、褐釉上的纹饰层次感不是很强，因为多数较为简单，看起来也比较清晰；而青白瓷上的纹饰层次感就比较强，再复杂的纹饰，层次结构都非常明晰，这一点应注意分辨。酱、褐、青白釉瓷器在构图合理性上特征十分明确，讲究对称，讲究因果关系。虽然有些笔触很细，但仔细观察一点都不乱。鉴定时应注意分辨。

▲图 6-5　青白瓷器花卉纹标本　元代

线条

酱、褐、青白釉瓷器在纹饰线条上呈现出的趋势很明确，主要有以下几两个特点：

1. 线条流畅
2. 刚劲有力

第一点线条流畅指的就是酱、褐、青白釉瓷器纹饰线条无论简单与复杂，但在流畅性上基本都比较好，只有极个别的纹饰在线条流畅性上会出现问题，由此可见，酱、褐、青白釉瓷器在线条上只是流畅的程度不同，而不存在敷衍的情况。如定窑酱、褐、青白釉瓷器中的精品瓷器线条相当流畅，而普通和粗糙酱、褐、青白釉瓷器在流畅的程度上可能差一些（图 6–6），是一个呈正比的关系。从精致程度上看，精致的瓷器在线条流畅程度上比较好，普通的瓷器略逊，粗糙的瓷器最差。从时代上看，从六朝直至明清时期都是这样，并没有过于复杂性的特征。第二点刚劲有力性。根据观察几乎所有的酱、褐、青白釉瓷器在线条上都是刚劲有力，可见态度非常认真。在精致程度上，酱、褐、青白釉瓷器线条的刚劲程度与其有着密切的关系，精致的瓷器在纹饰线条的力度上比较好（图 6–7），而普通和粗糙的器皿略差一些，但无敷衍现象，都是向着刚劲有力的方向发展，只是在具体的程度上有所差别。

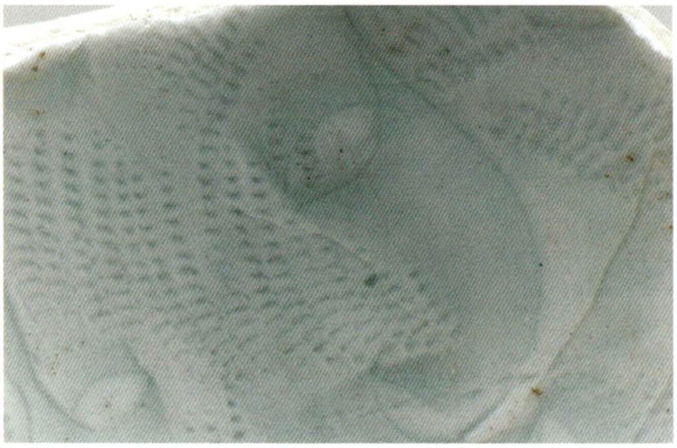

▲图 6–6　线条流畅刻划纹青白瓷标本　元代

▲图 6–7　线条流畅花卉纹青白瓷器标本　宋代

饰纹方法

中国古代酱、褐、青白釉瓷器在纹饰装饰方法上相当繁杂，使用了很多种，如剔、刻、划、印等都有，只是侧重点不同而已，酱、褐釉瓷器剔花作品很常见，风格较为粗犷，别有一番风味；而刻划则无论是在酱、褐釉瓷器之上还是在青白瓷器之上都是常见的一种装饰纹饰的方法，但显然刻划纹在总量上不大；青白瓷之上使用最多的是印纹，这一点很清晰，而且从发掘出土的器物来看，印纹有一定的总量，鉴定时应注意分辨。从时代上看，六朝、唐五代时期酱、褐釉瓷器之上主要以刻划和剔刻为主（图6-8），而宋元时期青白釉瓷器之上主要以印花为多见，兼具刻划花纹饰。从复杂程度上看，简单的纹饰一般情况下多使用的方法是刻划或者是剔花，而复杂一些的纹饰常常使用的是印花，这一点在酱、褐、青白釉瓷器的纹饰之上表现得尤为明显，如，印双凤纹、如意纹、印云雷纹、印菊花及仰莲纹、印莲瓣纹等，而一些简单弦纹多是用刻划的方法，因为太简单了，没有必要使用印花。从精致程度上看，精致、普通、粗糙的瓷器与纹饰装饰方法有一定的关联（图6-9），精致的瓷器多见印花，普通的瓷器则是开始多样化，粗糙的瓷器更加多样化。鉴定时应注意分辨。

▲图6-8　酱釉剔花小口瓶　五代至辽宋时期

▲图6-9　简单刻划纹青白瓷标本　宋代

饰纹部位

中国古代酱、褐、青白釉瓷器在饰纹部位上特征比较复杂，常见的饰纹部位有外壁、内壁、口、内底、内外刻划、腹部、圈足、腹下等，由此可见，酱、褐、青白釉瓷器在饰纹部位上较为繁多，各个部位都有装饰纹饰的可能。从数量上看，这些装饰纹饰的部位并不均衡，通常情况在内壁装饰纹饰的情况比较多见，另外内底、外壁、腹部等装饰纹饰的情况也比较多见，圈足、腹下、口部装饰纹饰的情况比较少见。从精致程度上看，饰纹部位与瓷器精致程度没有必然的关联，鉴定时应注意分辨。从饰纹方法上看，剔刻纹饰多数在器物的外壁；刻划比较复杂，器物内外壁都有，而且内外均刻划的情况也有；印花多是在器物的内壁或者是内心，内外均有的情况少见。从时代上看，中国古代酱、褐、青白釉瓷器饰纹部位上六朝、隋唐五代时期较为简单，以外壁装饰为主，而到了宋元时期复杂化的程度加深（图6-10）。鉴定时应注意分辨。

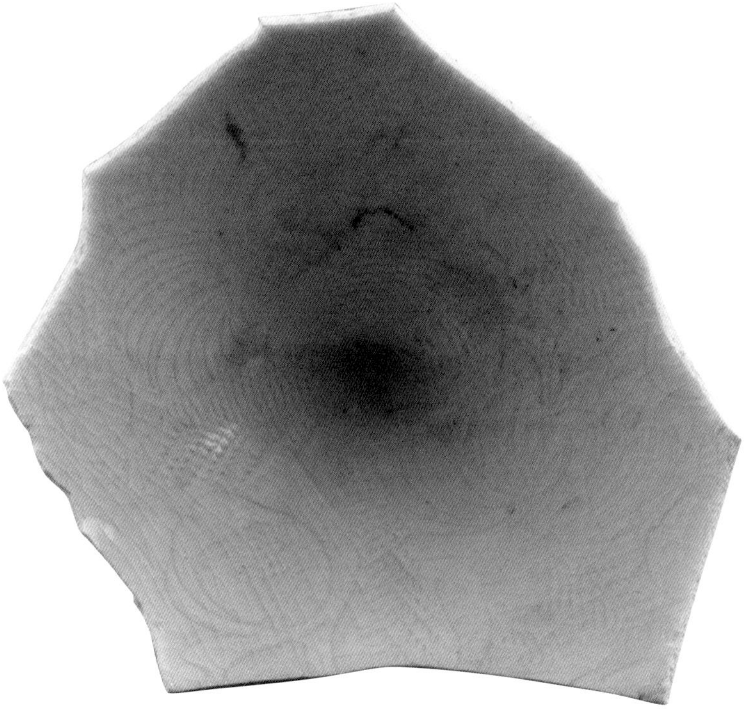

▲图 6-10　鱼纹花卉纹青白瓷盏　宋代

功能

中国古代酱、褐、青白釉瓷器在纹饰上功能十分清晰，主要起装饰的功能，这一点很容易理解，就是在不影响实用的同时，增加其装饰性效果，从而提升整个酱、褐、青白釉瓷器在市场上的综合竞争力，这显然是酱、褐、青白釉瓷器烧造有纹器的初衷。另外，中国酱、褐、青白釉瓷器纹饰的重要功能还有就是其题材的内容，我们知道纹饰都是有寓意的，实际上所有的创作都有寓意，只是寓意的深浅和方向不同而已，那么酱、褐、青白釉瓷器纹饰从题材上看显然是以花卉纹点缀人们的生活，另外，牡丹、菊花、狮子滚绣球、鱼纹、如意等都是一些具有吉祥寓意的图案，其中一些图案的寓意已经十分细化，如在青白瓷盏或者碗的内心常见到单个的鱼纹，寓意为“年年有余”，总之酱、褐、青白釉瓷器纹饰是在“生存第一”的前提下发展的，一切为了销售和迎合人们内心的需求（图 6–11），鉴定时我们应注意分辨。

▲图 6–11　花卉纹青白瓷枕　宋代

第七章 价值判断与收藏保养

背景信息：在漫长的历史长河中酱、褐、青白釉瓷器陪伴着人们，是人们生活的见证，具有较高价值(图7-1)。酱、褐、青白釉瓷器在价值上主要表现在三个方面：一是研究价值、二是艺术价值、三是经济价值。它们之间的关系是互为支撑、互为基础，相辅相成，密不可分。收藏鉴赏时应注意分辨。

▲图 7-1 造型隽永褐釉双系罐 辽代

鉴定要点：

研究价值

中国古代酱、褐、青白釉瓷器无疑都具有较高的研究价值（图 7-2），蕴涵着不同时期大量的历史信息，使我们通过酱、褐、青白釉瓷器就可以了解到已经逝去时代的点点滴滴，以及酱、褐、青白釉瓷器自身烧造工艺等诸多信息，从而揭示酱、

▲图 7-2　姓氏款青白精致茶盏　北宋

褐、青白釉瓷器的历史信息，可以复原出一个伴随着酱、褐、青白釉瓷器走过的时代，这个时代幽远而绵长，从六朝时期直至明清，虽然说酱、褐、青白釉瓷器是以深度民窑产品为主体，可能不能反映宫廷文化和上层建筑，但它所折射出的是人们的日常生活，它所折射出的信息是海量的，这意味着我们的生活是一个继续的过程，而不是“前不见古人，后不见来者”的孤独前行。青白瓷在烧造上虽不是官窑，但有些精品确是达到当时最高的烧造水平，精美绝伦，几乎缺憾。这些都是我们需要继承和研究的。另外，对于酱、褐、青白釉瓷器釉质、胎质、造型等瓷器的研究，最直接的用处就是会衍生出诸多鉴定依据，从而帮助我们对于留存到今天的酱、褐、青白釉瓷器进行鉴赏，断定时代，辨别真伪，判定价值。总之，酱、褐、青白釉瓷器的研究对于诸多学科都有直接的价值，如历史学、考古学、文物学、人类学、博物馆学、材料学等。

艺术价值

▲图 7-3　精美绝伦青白瓷支足　宋代

中国古代酱、褐、青白釉瓷器在艺术上有着相当高的成就（图7-3），许多酱、褐、青白釉瓷器在各个时代都有典型器皿和精品力作，融实用性与陈设装饰性为一体，特别是青白釉瓷器在工艺、造型、纹饰等各个方面都达到了较高水平，精品力作犹如灿烂星河，艺术成就极高。收藏时应注意分辨，下面我们具体来看一下：

1、造型。酱、褐、青白釉瓷器在造型艺术上成就特征很明确，主要体现在漫长的历史长河中产生了无与伦比的造型世界，器物造型有着深刻的生活底蕴，都是人们日常生活当中真正在使用的器皿，有着浓郁的生活气息，最能反映一个时代的特征，以及人们的内心世界，而这显然是今日艺术所最需要的，艺术家们可以通过这些生动的器物造型窥视到若干个时代最底层人们的生活，领悟人生之美（图7-4）。酱、褐、青白釉瓷器在造型艺术上

▲图 7-4　褐釉小口瓷瓶　宋代

主要以下几个特点，第一体现一种简约之美，由于其实用器的地位，很少见“无病呻吟”、“矫揉造作”之器。第二规整之美。酱、褐、青白釉瓷器在造型上规整、胎体均匀、弧度自然，处处体现的是对称、映照之美，这应当是当代艺术所需要的。从时代上看，并不是所有时代的窑口都能烧制出如此精美绝伦的酱、褐、青白釉瓷器器皿，多数精品都是出自宋元中国古代瓷器鼎盛期的景德镇窑，鉴定时应注意分辨。

2、釉质。酱、褐、青白釉瓷器以“釉质取胜”，这一点显然不存在问题，虽然酱、褐釉瓷器在釉色、釉质的匀净程度等诸多方面都未能达到官、汝之韵，但其依然坚持中国古代瓷器“以釉质取胜”的传统，这种坚持几乎贯穿了整个古瓷器史，从六朝直至明清都没有改变过，可以说酱、褐釉瓷器在釉质上是传统延续最好的（图7-5），本书认为这同样是一种千年艺术的体现，一种对于传统的传承，它说明了一个道理，任何艺术只要在人们对其需要不改变的情况下，都能够很好地延续下去，因为它与酱、褐釉瓷器在釉质上不变的原因是其一直作为人们日常生活当中釉瓷用品的功能没有改变本质是一致的，鉴定时应注意分辨。青白釉瓷器在釉质上的艺术成就明显高于酱、褐釉瓷器，这与景德镇窑的烧造有关系，很多青白瓷都达到了烧造的尽头，成就极高，釉质纯净典雅，精美绝伦，历史无超越者，这些都可以给我们现代艺术提供永不干枯的艺术源泉，使艺术家们流连忘返。总之，酱、褐、青白釉瓷器在釉质上艺术成就极高，许多至今令人们叹为观止。

▲图7-5　品相较好褐釉瓷罐　宋代

经济价值

酱、褐、青白釉瓷器本身的经济价值来源于其研究价值和艺术价值（图 7–6），并由其决定价值的高低，它们之间的关系互为依托，相辅相成，研究价值高的酱、褐、青白釉瓷器，艺术价值自然就高，艺术价值高的酱、褐、青白釉瓷器应该也具有较高的经济价值，而研究价值和艺术价值俱佳的酱、褐、青白釉瓷器在经济价值必然是相当高，反之则亦然。对于酱、褐釉瓷器而言，通常情况下研究价值较之艺术价值可能更高一些，这与深度民间日常用品的性质密切相关，鉴定时我们应能理解。但是对于青白瓷来讲，多数是研究价值和艺术价值俱佳。然而这只是理论上的价值分析，在古玩市场上这种价值体现有时并不能完全按照价值规律来进行，而是有着多样的表现，有时还会有倒过来的情况，也就是说有的时候研究和艺术价值俱佳的器皿，在市场上的表现并不是很好，那么就这些情况，让我们来具体分析一下：

▲图 7–6　青白瓷镂空窗饰　宋代

1、品相。酱、褐、青白釉瓷器的品相对于其影响是巨大的，也是普遍的，因为酱、褐、青白釉瓷器是人们日产生活当中使用的器皿，磕磕碰碰的情况在当时使用的时很常见，而我们知道瓷器最珍视的是品相，过去行当里的有一句老话叫作“瓷器发毛分文不值”，所以有的时候品相一旦出问题（图 7–7），虽然酱、褐、青白釉瓷器的研究价值和艺术价值俱佳，但其经济价值还是受到了影响。不过近些年来随着人们对酱、褐、青白釉瓷器研究的深入，更多的酱、褐、青白釉瓷器的前世今生被揭示，那么人们也逐渐认识到对于民用瓷性质的酱、褐、青白釉瓷器在品相上的要求应该适可而止（图 7–8），相信由于老磕而对其经济产生影响的程度会越来越低。

2、稀缺性。酱、褐、青白釉瓷器虽然在当时数量很多，遗存下来的数量也很多，但“瘸子里挑将军”，毕竟还是能够分出稀缺特征，主要有两点，一是酱、褐、青白釉瓷器精品少。二是酱、褐、青白釉瓷器品相极优者少。那么，在收藏时如果能够特别注意到“物以稀为贵”的价值规律，相信在收藏中一定能够游刃有余，同时这也是有很多酱、褐、青白釉瓷器研究价值和艺术价值倒置的原因。

▲图 7-7　品相较优青白瓷枕　宋代

3、精致程度。从整体上看中国古代酱、褐、青白釉瓷器显然可以划分为精致、普通、粗糙三个等级，特别是邢窑酱、褐、青白釉瓷器在这三个等次上区分很明显，由于精致瓷器的数量非常之少，主要以宋元时期景德镇窑所烧造的青白瓷为主，由于精致程度高，又符合“物以稀为贵”的价值规律，所以在经济价值上极高。

▲图 7-8　精美绝伦青白瓷盏　宋代

普通和粗糙的瓷器由于数量比较多，品相又多有问题，所以在市场上的表现不是很好。这种关系在收藏时我们应注意分析，实际上每一件藏品都应根据其自身的情况进行价值分析。并根据自身的情况，以及收藏的目的，进行有选择性的收藏，对于酱、褐、青白釉瓷器这种遗存数量非常多的瓷器，切不可盲目收藏，给自身造成不可弥补的损失。鉴定时我们要注意分辨。

4、残件。酱、褐、青白釉瓷器在漫长的历史长河中经历了太多的磨难，留存到今天的酱、褐、青白釉瓷器数量最多的是残器，大多数是一些碎片（图 7–9），规模十分庞大，当然这些酱、褐、青白釉瓷器残件在客观存在着的研究价值和艺术价值，那么从理论上应该也存在经济价值，但数量过于庞大，削弱了它的经济价值。鉴定时要注意分辨。

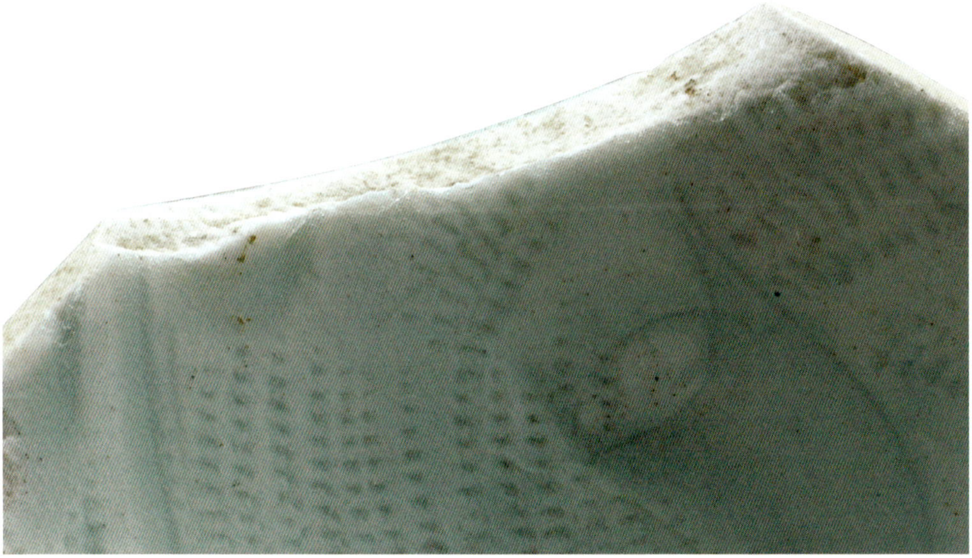

▲图 7–9　碎掉的青白瓷标本　元代

收藏保养

当您收藏到一件满意的酱、褐、青白釉瓷器之后，保养就成了最重要的问题（图 7-10），不使文物受到伤害，让这些经历千年的酱、褐、青白釉瓷器能够历久如新，继续穿越时空，是我们每一个人的心愿，酱、褐、青白釉瓷器能偶然遗存到今天十属不易，不堪再受到伤害。虽然酱、褐、青白釉瓷器在自身保养上具有很多先天优势，如硬度大、不吸水等特点，由于酱、褐、青白釉瓷器是深度民窑的产品，在当时使用的过程当中存在着各种各样的窑内和人为的缺陷，其中最致命的就是易碎，一旦受到较强的外力就会碎掉，一件价值连城的酱、褐、青白釉瓷器立刻变成了标本，不再有收藏价值，因此保养对于瓷器的收藏是至关重要的。下面我们具体来看一下：

▲图 7-10　镂空青白瓷窗饰　宋代

▲图 7-11　品相较好酱釉瓜棱形瓷壶　宋代

1、防止磕碰。防止磕碰是酱、褐、青白釉瓷器在保养中的首要环节（图 7-11），轻拿轻放，切勿敷衍，在没有预案的情况下，不应随意去触摸酱、褐、青白釉瓷器，如博物馆中的藏品很少移动，放在库房或者展柜当中，一年、二年、甚至十年不动的情况都有见。当然私人藏品与博物馆不同，把玩也是收藏的乐趣之一，但在把玩时一定要事先做好准备，尽可能给藏品创造一个稳定的环境，如一般情况下桌面上应放上软布，避免底足等可能磕伤。收藏时应注意分辨。

2、注意清洗。通常人们在收藏到酱、褐、青白釉瓷器后都要清洗，因为文物流转会经过很多人，所以即便出于卫生习惯也无可厚非。但清洗文物与普通的清洗区别很大，必须要在反复观察，确定没有裂缝及修复痕迹等先决条件下进行，不能确定则暂缓进行，或者是送交专业文物修复机构进行。在确定文物没有问题的情况下，由于瓷器胎体完全烧结（图 7-12），不吸水，从理论上可以清洗，一般不要直接放到自来水中进行，而是应当放入无菌的纯净水中进行，有土蚀的待到土渍完全溶解后，再用酒精棉球将其缓慢擦干。如果还有未除净的情况，可以使用牛角刀试探性剔除，如果还未洗净，就要找专业修复人员进行处理，不能强行剔除，以免伤及釉面。总之，清洗是一项十分细致的工作，是一个科学的过程，决不可随意进行，本书不建议收藏者自己随意清洗藏品。

▲图 7-12　精美绝伦的精致青白瓷茶盏　北宋

3、擦拭浮尘。酱、褐、青白釉瓷器在存放过程当中表面有浮尘是不可避免的，通常人们喜欢擦拭，多用抹布进行擦拭，这种方法显然很容易伤及釉面。通常情况下用鸡毛掸子轻弹就可以了，但这种方法需要谨慎的态度，特别是鸡毛弹子要熟能生巧，最好专人管理这项工作，不然很容易出问题（图7-13）。另外，不要对酱、褐、青白釉瓷器釉面上形成的污渍用手揉搓，或用指甲扣等，以避免伤害到釉面。总之，这是一项长期，而细心的工作。另外，放置的环境对浮尘形成与严重程度也有很大的影响，尽量使其放置在密封效果比较好的展柜中，或者盒子等小空间内，这样可以有效降低除尘的次数。这一点我们在鉴定时应注意分辨。

▲图 7-13　酱釉瓷盒　金代

4、相对温度。酱、褐、青白釉瓷器对相对温度有一定的要求，虽然这种要求可以上下浮动很大，但还是有这样的要求，从理论上看由于酱、褐、青白釉瓷器是在高温下烧造而成，可以耐受很高的温度，但这种看起只限于完好无损的器皿，通常也只适用于我们现在的瓷器，如适用于微波炉的瓷器等。但对于古瓷器这种态度显然是不科学的，特别是对于酱、褐、青白釉瓷器历经了千年岁月的洗礼，在各种各样的保存环境中保存，有的时候我们从其外表不能观察出其究竟是否没有任何损害，所以存在温度环境最好不要太高，或者太低，高温不超过 45 摄氏度，最高不要超出 55 摄氏度，最低温不要低于 0 摄氏度，这是保证文物安全的重要原则，因为如果温度过高修复过的热容条等就会融化，胎体有支离破碎的危险，而温度过低就会形成冰，如果有水进入裂缝之内（图7-14），并形成冰，那么就会产生巨大的张力，会使本没有开裂的胎体破碎。因此相对温度一定要控制好。

▲图7-14　酱釉瓷瓶　金代

5、相对湿度。酱、褐、青白釉瓷器对于相对湿度的要求相当高，一般情况下相对湿度应该控制在50%左右，如果相对湿度过大，就会形成水雾或者水珠，这些水会填充古瓷器在漫长的岁月长河中形成的胎体裂缝，哪怕是细小的裂缝，而当温度过低时这些水就会形成冰，就会对瓷器形成不同程度的伤害。另外，相对湿度过低或者高都会对纹饰图案造成不利的影响。鉴定时应注意分辨。

关于酱、褐、青白釉瓷器收藏保养的知识还有很多（图7-15），过于专业的内容在这里就不再赘述。总之，收藏者对于酱、褐、青白釉瓷器的保养非常重要，不使这些精美绝伦的酱、褐、青白釉瓷器受损，使这些精美绝伦的酱、褐、青白釉瓷器能够历久如新，继续穿越寂寥时空，这是我们每一个人的心愿。

▲图7-15　工艺精湛刻划花卉纹青白瓷器　宋代

主要参考文献：

1、洛阳市文物工作队《河南洛阳市瀍河东岸唐代窑址发掘简报》《考古》，1998年3期。

2、内蒙古文物考古研究所《武川县上南滩遗址发掘简报》,《内蒙古文物考古》，1990年4期。

3、西北大学考古队《重庆云阳乔家院子遗址唐宋时期遗存》，《江汉考古》2002年第3期。

4、姚江波 著:《中国古代瓷器鉴定》，湖南美术出版社，2009年4月，第一版。

5、福建博物院、福鼎市文体局、福鼎市旅游局　太姥山风景区管理局《福建福鼎市太姥山宋代国兴寺遗址的发掘》《考古》，2003年12期。

6、乌兰察布博物馆《集宁市榆树湾辽金遗址发掘简报》《文物》，1990年4月

7、王维臣、温秀荣、抚顺市博物馆：《辽宁抚顺千金乡唐力村金代遗址发掘简报》，《北方文物》2000年4期。

8、《镇江市吴家门元代建筑遗址发掘简报》，《南方文物》，1996年1期。

9、武汉市博物馆、武汉市江夏区博物馆、武汉大学考古学系《湖北省武汉市江夏区浮山窑址发掘简报》,《江汉考古》1998年第3期。

10、姚江波 著：《瓷器鉴赏收藏手册》，中国轻工业出版社，2009年5月，第一版。

11、郑州市文物考古研究所《 郑州唐丁彻墓发掘简报》,《华夏考古》2004年4月。

12、江西省文物考古研究所、景德镇陶瓷历史博物馆《景德镇湖田窑H区附属主干道发掘简报》，《文物》，1990年第4期。

13、山东省文物考古研究所、龙口市博物馆《山东龙口市阎家店遗址发掘简报》《华夏考古》2004年第3期。

14、镇江六朝唐宋古城考古队《江苏镇江市环城东路宋代遗存的发掘》《考古》，1998年12期。

15、江西省文物考古研究所、景德镇湖田窑陈列馆《江西湖田窑址H区发掘简报》《考古》，2000年12期。

16、田华、胡秀杰、李桂芹、贾凤致、王秀文：《黑龙江哈尔滨市郊发现元

代瓷器窖藏》，《考古》，1999 年 5 期。

17、姚江波 著：《钧瓷收藏鉴赏 . 下 , 识腹部 · 观胎质 · 鉴底足》，中国铁道出版社，2010 年 1 月，第一版。

18、郑东《福建厦门市下忠唐墓的清理》《考古》，2002 年 9 期。